新曲綫 | 用心雕刻每一本……
New Curves
http://site.douban.com/110283/
http://weibo.com/nccpub

用心字里行间 雕刻名著经典

商务印书馆（成都）有限责任公司出品

儿童的智商

奠定理解和能力的基石

〔英〕帕梅拉·梅 著

张珊珊 于增艳 译

刘文 审校

商务印书馆

2025年·北京

The Thinking Child: Laying the Foundations of Understanding and Competence

Pamela May

ISBN 978-0-415-52191-8

Copyright © 2013 by Pamela May.

Authorized translation from English language edition published by Routledge, part of Taylor & Francis Group LLC; All rights reserved.

The Commercial Press is authorized to publish and distribute exclusively the Chinese (Simplified Characters) language edition. This edition is authorized for sale throughout Mainland of China. No part of the publication may be reproduced or distributed by any means, or stored in a database or retrieval system, without the prior written permission of the publisher.

Copies of this book sold without a Taylor & Francis sticker on the cover are unauthorized and illegal.

本书原版由Taylor & Francis出版集团旗下Routledge出版公司出版，并经其授权翻译出版。版权所有，侵权必究。

本书中文简体翻译版授权由商务印书馆独家出版并限在中国大陆地区销售。未经出版者书面许可，不得以任何方式复制或发行本书的任何部分。

本书封面贴有Taylor & Francis公司防伪标签，无标签者不得销售。

译者序

学前教育是重要的社会公益事业，关系到国家、社会、家庭和个人发展的方方面面。党的十八大以来，通过扩资源、保普惠、建机制、提质量，我国学前教育事业取得了跨越式发展。2018年，中共中央、国务院印发了《关于学前教育深化改革规范发展的若干意见》，这是新中国成立以来第一次以党中央国务院名义专门印发来推进学前教育改革发展的重要文件，明确了学前教育改革发展的前进方向，具有重要意义。2020年，《中华人民共和国学前教育法草案（征求意见稿）》强调，要构建覆盖城乡、布局合理、公益普惠的学前教育公共服务体系，从国家层面保障学前儿童的受教育权。2021年，教育部等九部门颁布的《"十四五"学前教育发展提升行动计划》，把实现学前教育普及普惠安全优质发展作为提高普惠性公共服务水平、扎实推进共同富裕的重大任务。教育部的数据显示，2021年，全国学前教育毛入学率为88.1%，比2012年的毛入学率提高了23.6%。学前教育中的入园难、入园贵的问题得到有效缓解，学前教育实现了基本普及目标，开始迈入全面提升质量的新阶段。2021年9月，国务院印发的《中国儿童发展纲要（2021—2030）》明确提出，要增强儿童心理健康服务能力，提升儿童心理健康水平。2022年1月1日开始实施的《中华人民共和国家庭教育促进法》，为促进未成年人全面健康成长，对其实施道德品质、身体素质、生活技能、文化修养、行为习惯等方面的培育、引导和影响提供了法律保障。学前教育也因此驶入高质量发展的快车道。2024年5月20日至6月20日是第十三个全国学前教育宣传月，其主题是"守护育幼底线，成就美好童年"，旨在让广大家长了解教师是如何守护孩子的身心健康的。同年7月，《中共中央关于进一步全面深化改革、推进中国式现代化的决定》全文发布，这份纲领性文件覆盖了推进中国式现代化的方方面面，重点部署了未来五年的重大改革举措，其中特别提到了健全学前教育、特殊教育、专门教育的保障机制。

  充分理解儿童的发展是提升学前教育质量的核心。20多年前我兼任幼儿园园长时，在幼儿园门口，经常能看到或听到许多小朋友反复跟自己的家长说"早点来接我啊"；尤其是小班的许多小朋友，与家长依依不舍，甚至哭着走进幼儿园，看着真是令人心痛。于是我开始思考，如何才能让孩子们喜欢去幼儿园和上学呢？著名的教育家苏霍姆林斯基曾说："孩子们在学习的最初日子里，怀着多么激动的心情跨进学校门槛，怀着多么深切的信任注视着老师的眼睛！为什么往往几个月之后，甚至几周之后，他们眼神中的光彩便会消逝？为什么学习对于某些孩子来说会变为苦恼？童年是人生最重要的时期，这不是对未来生活的准备时期，而是真正的、灿烂的、独特的、不可重现的一种生活。"我们学前教育的质量亟待提高！

摆在我们面前的这套丛书，就是我们理解儿童的基石。当初，北京新曲线公司的赵延芹编辑亲自到大连来约我翻译这套丛书，我当时并未立即答应。但是，当我翻阅完四本英文原书，不由得眼前一亮，这不正是我多年来一直在寻找的科学研究与科学普及之间联系的桥梁吗？真可谓"踏破铁鞋无觅处，得来全不费工夫"啊！翻阅这套丛书，有一种引人入胜、发人深省、不忍释卷的冲击感觉。因此，我欣然应允这份翻译工作。衷心希望我国的广大幼儿园教师和小学教师能够读读这套丛书，助力他们更好地理解儿童发展，与儿童进行更为有效的沟通，进而让孩子们喜欢上幼儿园、喜欢上学，为提升基础教育质量奠定基础、提供抓手。

正如作者介绍的那样，这套丛书详细地介绍了儿童发展的四条主线——身体发育、认知发展、情绪发展、社会性发展，其宗旨是为学前教育工作者提供他们所需的儿童发展知识以及对这些知识的理解，以便他们制定出具备儿童发展适宜性的教学方案。每本书围绕一条主线，清晰地将理论与日常实践联系起来，解释了儿童早期教育工作具有独特教学方式的缘由，以及儿童早期教育工作者向儿童提供学习经验的方式和方法，从而帮助孩子们成为有能力、有热情的主动学习者。

《儿童的智商：奠定理解和能力的基石》（原译名《儿童的思维：奠定理解和能力的基石》）全面系统地探讨了儿童的认知和智力发展的关键原则，并描述了儿童的日常实践活动。本书清楚地解释了儿童用以获取新知识的认知策略，以及认知发展的里程碑，诸如符号表征、记忆、想象、元认知和创造力，其中包括对大脑如何加工信息的研究。另外，本书还阐述了有效学习的关键特征，并展示了游戏是如何成为儿童获取新知识、巩固其新萌芽的想法与概念的主要认知机制的。作者将这些特征应用于儿童早期教育实践所取得的经验，可有效指导教师思考如何去做以及如何做得更好。

《儿童的体商：奠定主动学习和身体健康的基石》（原译名《儿童的成长：奠定主动学习和身体健康的基石》）通过对儿童日常生活的描述，全面讨论了儿童身体发育的重要原则。作者详尽地探讨了涉及身体发育的所有方面，包括锻炼、饮食、睡眠及其对儿童全面发展的影响。本书还阐述了学习的核心特质，诸如毅力、决心、信心、责任、勇气和好奇心,并阐述了身体游戏是如何帮助儿童发展组织技能、团队合作能力、风险管理能力、交流能力和提升自尊的。本书向儿童早期教育工作者展示了如何运用这方面的知识,为提升儿童的健康水平和学习幸福感提供了机会。

《儿童的社商:奠定关系和语言的基石》(原译名《儿童的社会化:奠定关系和语言的基石》)通过对日常实践的描述,全面讨论了儿童社会性发展的关键原则。其宗旨是能够让读者深入了解儿童的社交技能和人际关系的发展,以及他们对沟通和语言的探索。本书还论述了发展儿童真诚的、信任的和互惠的人际关系的重要性,并揭示了儿童社会化的内在动力的滋养和支持机制。作者强调,游戏对于发展儿童的人际关系和语言能力极为重要,而且还是巩固儿童社交技能发展的基础。本书有助于儿童早期教育工作者了解如何用这些理论知识来培养儿童的沟通和社交技能。

《儿童的情商:奠定自信和韧性的基石》(原译名《儿童的情感:奠定自信和韧性的基石》)系统讨论了儿童情感和行为发展的关键原则,描述了与之相关的日常实践。作者清晰地解释了早期经验如何影响儿童在不同的情景下的特定行为,阐述了有效学习的关键特征,并论证了游戏如何会成为儿童探索自身和身边环境的重要途径。

这套丛书对儿童四个主要的发展领域分别进行了深入的研究和阐述，四本书各自单独成册，分别论述儿童发展的一个方面，实际上它们又是相互联系、不可分割的一个整体。这套丛书是基于《英国国家早期教育纲要》法定框架而编写的。2008年，英国正式颁布并实施了《英国国家早期教育纲要》法定框架，这是英国早期教育领域中的里程碑式文件，该框架历经五次修订和完善，逐步形成了贯通0~5岁儿童的发展领域、教学指导策略、阶段评估办法等整体性体系。

最新版的法定框架于2023年12月8日颁布，2024年1月4日开始实施。在最新版法定框架的第Ⅰ部分内容中，将"儿童的学习与发展"划分为七大领域：交流与语言，个性、社会性与情绪发展，身体发育，读写能力，数学能力，理解世界的能力，表达艺术与设计。其中前三个领域为基础领域，后四个领域为特定领域，七大领域共涉及17条早期学习目标，这些目标是评估英国0~5岁儿童发展状况的重要参考。

由于这套书不同程度地体现或反映了《英国国家早期教育纲要》法定框架之前版本中第Ⅰ部分的内容，出版社特将最新版中的这部分内容整理并附书后，方便读者朋友参考。同时，也呼吁和期待我国《幼儿园教育指导纲要（试行）》的最新版纳入托幼一体化的内容，并尽快出台。

这套丛书的译者多为年轻教师和博士生，有些也在译书过程中顺利毕业成长为大学教师。具体分工如下：《儿童的智商：奠定理解和能力的基石》，张珊珊、于增艳译；《儿童的体商：奠定主动学习和身体健康的基石》，张雪、李志敏译；《儿童的社商：奠定关系和语言的基石》，刘文译；《儿童的情商：奠定自信和韧性的基石》，董昕、刘文译。最后，整套丛书由刘文审校和定稿，陈楠博士、于腾旭博士、王薇薇等人参与了图书翻译的前期准备工作，在此一并致谢！

　　最后，特别要感谢北京新曲线出版公司的领导和赵延芹编辑，正是由于他们的不懈努力、辛勤付出以及精益求精的精神，才有了这套丛书的诞生。特别是经过慎重考虑后对主书名的更改，不仅有科学依据，刷新了我们很多观念，而且也更易于广大儿童早期教育工作者和家长理解。希望这套丛书的出版对致力于儿童心理与教育的工作者、研究人员和家长有所帮助，进而有利于提升儿童的智商、体商、社商和情商。欢迎各界人士提出宝贵意见和建议！

刘文

2024 年暑假于大连

丛书简介

深刻理解儿童的发展，是做好早期教育实践的核心和根本。这套令人兴奋的丛书由四本构成，每一本都详细介绍了儿童发展的一条主线，分别为身体发育、认知发展、情绪发展、社会性发展。丛书的宗旨是为儿童早期教育工作者提供必备的知识，以及对知识的深刻理解，助其制定具备发展适宜性的工作方法。每本书均清晰地将相关理论与日常实践联系起来，解释了儿童早期教育工作者为何会采用特定的方式教学，呈现了他们如何向儿童提供学习经验，帮助孩子成为有能力且热情的学习者。虽然该丛书的每一本只对四个主要发展领域其中之一进行深入研究和介绍，但它也清晰地表明，这四个发展领域实际上是相互交织、不可分割的。

该丛书的四本书分别是：

《儿童的智商：奠定理解和能力的基石》

(*The Thinking Child: Laying the Foundations of Understanding and Competence*)

帕梅拉·梅（Pamela May）

《儿童的体商：奠定主动学习和身体健康的基石》

(*The Growing Child: Laying the Foundations of Active Learning and Physical Health*)

克莱尔·史蒂文斯（Clair Stevens）

《儿童的社商：奠定关系和语言的基石》

(*The Social Child: Laying the Foundations of Relationships and Language*)

托妮·巴肯（Toni Buchan）

《儿童的情商：奠定自信和韧性的基石》

(*The Feeling Child: Laying the Foundations of Confidence and Resilience*)

玛丽亚·罗宾逊（Maria Robinson）

本书简介

儿童需要具备什么特征，才会积极主动地学习？儿童的经验和人际关系如何影响其认知发展？你如何提供学习经验，以满足你所照护的每一名儿童的发展需求？

《儿童的智商：奠定理解和能力的基石》一书系统地探讨了儿童认知和智力发展的关键原则，并描述了他们的日常实践活动。本书清楚地解释了儿童用以获取新知识的认知策略以及认知里程碑的发展，诸如符号表征、记忆、想象、元认知和创造力，以及对大脑如何加工信息的研究。

纵观全书，作者考虑了有效学习的关键特征，并展示了游戏如何成为儿童获取新知识并巩固他们新萌芽的想法和概念的主要机制之一。随后，作者将这些特征应用于早期教育实践中的所有方面，以展示儿童早期教育工作者如何：

- 鼓励儿童获取关于自己和周围世界的新知识；
- 帮助儿童创造性地形成自己的观点，并将这些知识作为习得新事物的基础；
- 反思自己的教学方法，通过有效的观察和计划鼓励儿童的参与性、积极性和创造性；

- 与儿童父母和其他照护者合作，帮助他们支持儿童在家中的学习，同时维护儿童家庭的价值观；
- 鼓励每个儿童的独特性，并为有特殊学习需要（无论是生理的、情感的还是认知的）的儿童提供适合他们的学习经验，以确保每个儿童都有平等的机会获得成功。

本书通俗易懂，不仅强调理解那些支持儿童认知发展的理论的重要性，而且也向儿童早期教育工作者展示了如何利用这些知识为儿童提供学习机会，以培养其思维和创造的技能。

作者简介

帕梅拉·梅，儿童早期教育顾问，曾任英国坎特伯雷基督教会大学儿童研究方向的高级讲师。

致　谢

谨以此书献给忠诚的合作伙伴，一所以 PGCE 课程*为核心的儿童早期教育学校，总部位于贝德福德。其培训团队、辅导团队和管理团队，以及已退休的初级教师培训项目主管马丁·汤普森，一直致力于培养最优秀的儿童早期教育专家。从该项目毕业的教师拥有儿童发展方向的硕士学位，他们用自己的知识和奉献精神引领着儿童早期教育实践的发展，激励着他们的同事以及他们所教的儿童。我在该项目创立之初就参与其中，为此我感到自豪。

一如既往，我要感谢约翰·梅，他高超的编辑能力对本书以及这一系列丛书中其他书的出版发挥了不可估量的作用。他始终都很热情、耐心且友善。

和孙辈们在一起，我也学到了很多东西。我们共处的时光为我提供了许多有关儿童如何学习和发展的实例，所以我要感谢米莉、雅各布、黛西、阿尔伯特和亚瑟，感谢他们和我分享他们对我无条件的爱和陪伴，也感谢他们允许我使用他们的照片和对话。

---

* PGCE 是 Postgraduate Certificate in Education 的缩写，指研究生同等学力教师培训课程。该课程针对英国已获得本科学历或同等学力且有意向成为教师的人士设置的课程。

目 录

丛书序言 24

本书序言 32

第 1 章　创设情境 35

　　洛克有关儿童期的思想　37

　　卢梭有关儿童期的思想　39

　　福禄贝尔有关儿童期的思想　41

　　皮亚杰有关儿童期的理论　41

　　维果茨基有关儿童期的理论　44

　　布鲁纳有关儿童期的理论　47

　　理论及其作用　50

第 2 章　游戏、探索与学习　　　　　　　　　55

游戏的本质　58

学习的本质　62

5 岁女孩黛茜的真实故事　63

在游戏中学习　68

挑战和困境　71

第 3 章　主动学习　　　　　　　　　73

思　维　76

理　解　77

能　力　78

理论付诸实践　78

理　论　81

学习目标　84

为掌握型学习提供资源　87

空　间　89

日常活动与组织　89

常规活动　90

挑战和困境　92

第 4 章　创造性和批判性思维　　95

理解与知识　97

象征与表征　99

心理理论与元认知　100

自我调节是元认知发展过程中的一部分　103

模　仿　104

记　忆　105

注　意　107

讨　论　109

成人的作用　110

挑战和困境　112

第 5 章　观察和评估儿童的进步　　115

观　察　117

倾　听　121

记　录　125

挑战和困境　133

第 6 章　家园共育　　137

家庭中的儿童　139

与家庭合作　147

家长参与孩子的学习　148

其他参与方式　149

儿童早期教育机构能做些什么　151

向家长们学习　153

挑战和困境　154

第 7 章　对差异的思考　　157

主流思想　159

少数群体　161

学习倾向　162

差　异　165

文化差异　166

性别差异　169

能力差异　172

财富差异　174

挑战和困境　175

第 8 章　深思熟虑的组织和管理　　　177

理　念　179

现　实　181

常规活动　183

资　源　187

游　戏　191

成人的作用　194

挑战和困境　195

第 9 章　为生活做好准备，为入学做好准备了吗　　　197

课程和教学法　202

现实和实用性　204

准备的三种类型　209

挑战和困境　217

后　记　　　219

附　录：《英国国家早期教育纲要》法定框架（2024 年版）
学习与发展要求　　　221

丛书序言

首先从思考两种我们可能都熟悉的情境开始。如果你愿意，请想象一片沙滩的画面：阳光灿烂，柔和的水波拍打着岸边，不远处有一个小石潭和一个大山洞。你带着两个孩子一起去郊游，其中一个3岁，另一个6岁。你们带着毛巾、小水桶和铲子。你选好位置，安顿好后，便坐在铺好的毯子上，惬意地读着一本好书。偶尔，你会为正在给"沙滩城堡"修建"护城河"的孩子们提点建议，或者检查一下山洞里有没有蜥蜴出没。孩子们偶尔会回来吃点儿或喝点儿，期间有必要的休息时间——或者去上厕所，或者吃个冰激凌。直到下午4点，包括你在内的所有人都度过了美好的一天。孩子们没有哭闹，也没有争吵，玩得很开心，但也很疲倦，这足以保证他们晚上睡个好觉。在以后的日子里，每当他们回忆起曾经建造的城堡和令他们害怕的蜥蜴时,都会想起这段"最棒的假日时光"。

现在,我带着我的两个孙子去逛当地的一家超市。设想一下这里的情境。根据我的经验,我们一进入超市,必须马上给他们

图 I.1*　探索山洞里是否有蜥蜴

* 为帮助读者清晰查找本书插图,序言(introduction)中的插图图号保留英文原书的标记法,即序言中图号标记为图 I.1、图 I.2……,后面各章图号与其章号保持一致,如图 1.1……,图 2.1……,以此类推。

立规矩："不许动任何东西。"可是，情况很快就不妙起来：一个孩子想要草莓味的酸奶，另一个却想要蓝莓味的酸奶，而我想要正在特价销售的混合装酸奶。于是，我们三方的争吵瞬间爆发。年龄较小的孩子被抱到购物车的儿童座椅上，他一边踢腿，一边大声哭喊着反抗。我们这伙嘈杂的人每到一处，都会招来许多妈妈用或同情或厌恶的眼神看着我。收银台旁边儿童触手可及的货架上的糖果也无助于解决问题，而我这个正在气头上的奶奶铁定地认为他俩都不配得到糖果。

　　为什么上述两种情境如此地截然不同？答案就在于儿童有一种独特的、与生俱来的认识和理解他们所处世界的方式。这一过程称为儿童发展。儿童生来就拥有一套认识世界的策略，无论身在何处，他们都会运用这些策略。儿童学习的方式之一是运用他们的感官，对自己感兴趣的东西，通过触摸才能更好地了解它们。当他们在沙滩上挖沙子或捡贝壳时，这种方式就很适宜；但是，用类似的方式研究超市里的薯片，几乎不为人们所接受。儿童生来就会通过探索其周围的世界来主动学习。同样，当寻找山洞里的蜥蜴时，探索就是一种不错的方式；但在商店的过道中，这种探索就不再是有效的策略了。

　　本丛书考虑到了所有年幼儿童拥有的策略以及其他一些特点，并探讨了在年幼儿童的日常学习过程中如何发展和强化这些策略和特点。

这套丛书讲述的是学习过程，而不是学习内容。每本书描述的是年幼儿童发展的某个独立领域，以及他们的人际关系和经验会如何影响这一领域的发展。四本书分别选取了发展的一个方面，每本书对一个领域进行了深入的研究。

《儿童的体商：奠定主动学习和身体健康的基石》：考察了儿童身体和运动的发展。

《儿童的智商：奠定理解和能力的基石》：考察了儿童认知和智力的发展。

《儿童的社商：奠定关系和语言的基石》：考察了儿童社会化和语言的发展。

《儿童的情商：奠定自信和韧性的基石》：考察了儿童情绪和行为的发展。

尽管每本书只选取了儿童发展的某一方面并单独考察，然而，这纯粹是出于便于研究的权宜之计。当然，在实际生活中，儿童在学习维系友谊和交流、身体茁壮成长、不断加深对概念和道德的理解以及提升自信的过程中，会同时运用他们自身发展的方方面面。

我们认为，儿童具有某些先天固有的特征，这些特征可以有效地促进其发展。例如,动机和自主性就是其中两种固有的特征。它们需要与一种能促进其表现和发展的环境相匹配。那些茁壮成长且学习优异的儿童将会发现,在充满挑战但安全的环境中,他们的先天特征会得到那些有爱心、有见识的成年人的支持。这种环境会尊重这样的事实,即儿童是通过直接经验和各种感官进行

图 I.2　儿童自主探索

学习的，并且他们通常也会主动这样做。这就是沙滩能够提供这样一种有效的学习环境而超市不能的原因。在沙滩上，儿童可以使用主动参与的策略。他们被令人兴奋的周围环境鼓舞着，在玩耍时拥有相当大的自由度和自主性。在这里，我们可以看到他们探索周围世界的好奇心和能力与其所处的环境完美匹配。

这套丛书将会深入探讨这些观点。已有的和当前正在进行的研究贯穿全书，用以支持书中提出的所有实用的建议。孤立地使用理论毫无意义，它必须始终与儿童随时随地所经历的事情联系起来。这就是为什么本套丛书能给儿童早期教育工作者提供机会，去思考当他们读完这些书后，会给他们的实践工作带来哪些启示；同时，又能为他们提供一些合理的、基于证据的理解：为什么某些教与学的方法会如此成功。

这套丛书的核心是一些关于年幼儿童的重要理念，包括以下前提：

- 儿童是潜在的强大且自主的学习者；
- 他们需要富有爱心且敏感的成年人的陪伴；
- 儿童对自身的认知是他们作为学习者成功的关键；
- 游戏是促进儿童理解力发展的强大机制；
- 儿童当前的能力将是他们未来学习的起点。

或许，美国幼儿教育协会（National Association for the Education of Young Children, NAEYC）原则的最后部分对上述观点做了最清晰的总结：

> 儿童的经验塑造了他们的学习动机和学习方式，诸如坚持性、主动性和灵活性；反过来，这些倾向和行为又会影响其学习和发展。[1]

这些原则并非针对儿童的学习内容，而是与他们的学习方式有关，因此也与如何把他们教得最好有关。这些原则均体现在《英国国家早期教育纲要》（Early Years Foundation Stage, EYFS）[2]的文件中。

克莱尔·蒂克尔爵士在对《英国国家早期教育纲要》的评论中着重强调了我们在前面提到的有效学习的特征，而这些特征正是我们将要深入考察的内容。丛书中的每一本分别探讨最适用于该书考察发展领域的那些特征，当然，这其中的许多特征也会贯穿于整套丛书。每本书均有章节反映了《英国国家早期教育纲要》所强调的有效学习的各个方面，特别是：

- 游戏与探索
- 主动学习

- 创造性与批判性思维

其他章节将会涵盖所有儿童早期教育机构中通用的教育实践。譬如，观察儿童的学习，与儿童家庭建立紧密的关系，以及如何为男孩和女孩的不同学习风格做好准备。最后，将会有一章批判性地考察"入学准备"这一概念。每位作者都会探讨"入学准备"的含义，以及我们如何为基础教育阶段的儿童提供最好的支持，让他们充分利用在关键的第一阶段提供给他们的全部教育资源。

参考文献

1. National Association for the Education of Young Children. Position statement, 2009.
2. DfES. *Early Years Foundation Stage*. London: DfES, 2007.

本书序言

本书旨在考察儿童在发展与认知和智力有关的技能时所需的一些特质。婴幼儿期是儿童探索新发现的能力发展最快的一段时间。有关神经科学的研究显示，儿童的脑正在飞速发育，任何家中有小孩子的人都会有这样的体会，孩子经常会提出大量的"为什么"。脑的这种生理发育，促使儿童提出有关他们所处世界及其运转规则的问题。他们对学习新知识的兴奋是显而易见的，作为儿童早期教育工作者，我们应努力为儿童提供具有挑战性但又安全的环境。本书将会探讨一种学习类型，玛丽亚·埃万杰洛将其描述为"有效学习"。也就是说，"有效学习就是要使儿童深入参与其中，并在儿童理解的临界水平上，牢牢抓住他们的兴趣，从而激励他们更深入的学习"[1]。

有些特质有助于儿童发展他们的思维技能和能力，例如：

- 积极的倾向
- 推理
- 预测
- 创造性
- 参与性
- 坚持性
- 灵活性
- 对符号的理解
- 内在动机
- 反思
- 掌握取向
- 独立性

这些特质以及与其类似的其他特质，是伴随个体终生的技能，并被证实能促使儿童成长为自信、有韧性且独立的成功成人。不具备这些特质的儿童，更可能在挑战面前气馁，缺乏自信，难以发挥创造性和自主性。作为儿童早期教育工作者，如果我们能够教给年幼儿童这些终身技能，并帮助他们每天使用这些技能，那么我们将赋予他们可终身受益的、无价的工具与技能。

参考文献

1. M. Evangelou, K. Sylva and M. Kyriacou. *Early Years Learning and Development Literature Review*. London: Department for Children, Schools and Families, 2009.

第1章

创设情境

有关神经科学的研究结果显示，当年幼儿童积极参与他们感兴趣的事情时，他们的大脑会变得活跃起来。

婴幼儿教师发现自己陷入了以儿童为中心的进步主义和要求传授基本技能的功利主义的无情浪潮中。

要发现儿童是如何逐步理解他们所处的这个世界的，就需要我们向后看，回顾历史。通过这种方式，我们可以了解有关儿童期的观点是如何演变的，以及我们现在的观点又是如何产生的。本章将通过探索关于儿童期的历史观点来创设情境，并在这一过程中理解为何当前的早期教育和照护看起来是如此模样。

童年应该是什么样子的？关于这一问题有许多不同的观点，它们都是由成年人提出来的。没有一个儿童是带着对未来的想法来到这个世界的。儿童出生于某种文化中，这种文化在很大程度上决定了他们将会经历怎样的童年。举个例子，在太平洋的一些岛屿上，许多 3 岁的孩子已经能够熟练地用锋利的刀削水果皮，这是一种会令来自其他文化的成年人感到恐惧的儿童行为。更具争议的是，一些亚洲国家的男孩为自己能从事诸如缝制足球等成年男性的有偿工作而感到自豪。在他们看来，这通常是进入成年生活的一种仪式，而不是一种不公平的负担和童年的丧失。

通过现有的文学和绘画作品所获得的关于儿童养育的广泛证据可能表明，有多少孩子需要抚养，就有多少种抚养孩子的方式。在我们的文化中，关于童年的概念反映了这一丰富性，绘画作品记录了童年天真的浪漫主义，就像 18 世纪乔舒亚·雷诺兹在其 1788 年的画作《纯真年代》所描绘的那样。与之形成鲜明对照的是，19 世纪工业革命所带来的贫穷和剥削，威廉·贺加斯的作品将之生动形象地呈现了出来。

洛克有关儿童期的思想

18 世纪的约翰·洛克是早期出版有关如何最好地养育和教育儿童的著作的哲学家之一。洛克对儿童的学习过程和方式尤为感兴趣，并且主张开办学校，让儿童可以在一天中的非工作时间接受教育。他的观点听来似乎有点刺耳，建议儿童从 3 岁开始就要习惯于赚钱,但是他也承认,"学习可以成为儿童的游戏和娱乐活动"[1]。他认为儿童出生时不具有先天的特征,因此,儿童会成为什么样的人,很大程度是由后天的经验决定的。这就是著名的"白板"说。

因此,在儿童期早期,指引儿童走上正确的道路至关重要;反过来,这也对儿童的福祉产生了重大影响。大约在这一时期,托马斯·科拉姆在伦敦创建了保育院。直到今天,科拉姆基金会

图1.1 著名哲学家约翰·洛克提出,儿童期是儿童未来成功生活的基石

仍在通过各种方式为儿童及其家庭提供帮助。

洛克的思想影响深远，他提出的"儿童期是儿童未来成功生活的基石"这一理论使得人们普遍认为，儿童需要习得他们成年后所需的知识、技能和文化。人们通常认为，成功的成年人有读写能力、计算能力，有能力接受培训，只有这样稳定、准备充分的劳动力，才能在不断扩张的新经济中具备竞争力。随着工业革命的发展，伴随而来的是对能够读、写、算的成年人的需求，于是，一种被称为"技能和训练"的教学方式应运而生。当时，教育并不是一种鼓励人们成为思想家或发展创造力的方式，它纯粹是功利主义和实用主义的。我们可以从当时的小说中了解到这类学校。例如，小说《简·爱》对当时洛伍德学校生活的描写，足以令人不寒而栗，还描述了千千万万的儿童是如何在恶劣的环境下学习的。

卢梭有关儿童期的思想

18世纪，由于旅行探险家带来的新观念，以及贸易互通开启了与其他国家和其他意识形态接触的大门，人们的日常生活发生了巨大变化。在马丁·路德与天主教会决裂之后兴起的福音派运动，带来了对原罪的信仰，并开办了主日学校，这些学校在儿童不工作或不上学的时候可保障他们的安全。主日学校同时教导儿童如何变得"优雅、整洁,甚至顺从、听话,这是福音教派推崇的品质"[2],这与同时期有着重大影响的让-雅克·卢梭的儿童教育思想大相径庭。就像信仰和理解经常出现的情况一样,新的思想也层出不穷,挑战现状。法国哲学家卢梭的儿童观与英国哲学家洛克和约翰·卫斯理等福音派的改良和功能主义的教育思想相对立。卢梭认为,基于天生的道德感,儿童能够进行自我调节。他们会发现美与善,他们是天真快乐的人。卢梭提倡"幸福的童年","尽情地享受童年的运动、童年的乐趣、童年令人愉悦的本性"。他的这种理想化的童年理论在同时期的绘画作品中可见一斑,比如前面提到的乔舒亚·雷诺兹爵士的《小萨姆尔》和《纯真年代》。在这些画作中,孩子们穿着飘逸的白色长袍,呈现出天使般的幸福。画面中透露出一种宁静而优雅的天真氛围,与当时大多数不得不工作的儿童的生活相去甚远。

在其名著《爱弥儿》中,卢梭描述了他的完美教育理念。他认为,人们不应该教给儿童事实性知识和数字知识,而应该让儿童自由地探索这个世界为他们提供的一切,让儿童的个性和特质自然地发展和丰富。儿童应该从过于正式的教育中解放出来,应该从大城市搬到乡村去,在那里他们可以自由自在地成长。

福禄贝尔有关儿童期的思想

自从卢梭在 18 世纪提出自己的教育观以来，其观点得到了许多教育家的共鸣，其中最为突出的，就是 19 世纪上半叶伟大的教育家弗里德里希·福禄贝尔。

他在卢梭的教育哲学基础上引入了幼儿园或"儿童的花园"这一概念，在幼儿园中，儿童的思想、灵魂、身体、大脑和精神都会得到滋养。卢梭以及后来的福禄贝尔都认识到，儿童的发展要经过某些特定阶段，教育者应致力于考虑发展的适宜性，而不是揠苗助长，匆忙地进入下一个学习阶段。福禄贝尔的阶段论认为，"在哪个阶段，就做哪个阶段的事"，儿童在继续下一个阶段的学习之前，应该鼓励他们把上一阶段的发展任务完成好。

皮亚杰有关儿童期的理论

20 世纪，瑞士生物学家皮亚杰继续发展了发展适宜性阶段的概念。近些年来，尽管皮亚杰的观点受到许多前沿研究合理的挑战，但他仍然是近代伟大的教育哲学家之一。皮亚杰是第一个对儿童进行科学研究的专业人士。这使他有机会不带宗教或政治偏见地观察和研究儿童。诚然，他的研究只是基于他自己的孩子，但是作为发展心理学家，他凭借自己的知识背景，得出了一个具有开创性但又简单的发现：儿童的思维方式与成年人不同。他是第一个提出"每个儿童根据自身经验构建对世界的认识"的研究者。自 20 世纪 50 年代以来，他提出的发展阶段理论构成了知识传授的基础。他的"准备就绪"观点指的是，儿童会通过自己的发现或成熟自然地进入学习的下一个阶段。在这个过程中，教师除了观察和记录儿童的发展，几乎没有什么作用。在实践中，这意味着，作为一名 20 世纪 60 年代幼儿园小班的老师，我不会给不识字的人提供书籍，因为皮亚杰的理论表明，给不识字的人提供书籍是没有意义的。相反，他们会得到一个小盒子，里面装有必须死记硬背的抽认卡。只有当儿童能够阅读卡片上的词汇时，他们才被认为是读者，才能从一本书中获益。教育理论发生了怎样的变化啊！如今，我们看到孩子出生后从医院回家时，家长就带回一大袋来自"阅读起跑线"规划的书，该计划称"为你的孩子阅读永远不会太早"。

除了皮亚杰理论的消极暗示，皮亚杰还为我们提供了一些重要的理解，这些理解至今仍是一些常见的良好实践的基础。正是因为皮亚杰，我们才有了以儿童为中心的教育方法，才有了将儿童的学习活动与其当前的理解水平相匹配的智慧。"将儿童看作主动的知识发现者"这一观点也要归功于皮亚杰，这预示着，在

19世纪的寄宿学校中占主导地位的幼儿静态班级教学和机械式学习，最终在20世纪60年代走向了终结。

皮亚杰关于儿童如何建构知识的研究影响深远。他描述了儿童是如何通过他称之为"同化"的过程来整合信息的。当新知识出现时，个体就需要将其纳入已有的知识当中。如果新知识和现有的知识不符，就必须进行转换，对现有的知识进行调整或确认。这个过程也称为"顺应"，通过这个过程，人们经历了心智上的变化，以便处理那些用已有的知识难以解决的问题。幼儿很喜欢我们所说的"他们的误解"，他们所理解的事实并不准确，但他们已经可以在现有理解的基础上、在头脑中以符合逻辑的方式解决问题。例如，9月的一天，一个4岁的小女孩坐在爷爷的拖拉机上跟爷爷一起耕地，车后面跟着一群饥饿的海鸥。当妈妈问她当时在做什么时，女孩回答说"我们正在挖海鸥"。从她的视角来看，这是一个非常符合逻辑的答案，并且显然是基于她所看到的证据和她当前的理解水平而建构的。

也许儿童早期教育工作者不得不考虑的主要困境是，用来测量儿童当前发展水平的皮亚杰方法暗示了某一水平是"正常"的，而任何其他不同的水平都是"异常"的。因此，对儿童的测量开始要基于他们还不能做什么，而不是他们能做什么。关于这一点，经典的皮亚杰的例子是，他断言年幼儿童都是以自我为中心的，不能理解他人的观点。后来的教育家玛格丽特·唐纳森在自然环境（而非实验室条件）下重复了皮亚杰的实验，结果发现，如果儿童能够理解问题以及他们被期望做什么时，他们就有能力从另一个角度看待问题。

维果茨基有关儿童期的理论

皮亚杰的一些理论也受到了苏联心理学家列夫·维果茨基的挑战，维果茨基在20世纪发表了众多研究成果。研究儿童如何学习的优势之一是，它涵盖的学科非常广泛。皮亚杰从生物学的视角考察儿童，而维果茨基则更多地从社会层面来看待儿童，他认为虽然儿童确实对世界有着个体化的理解，但他们并不像皮亚杰所认为的那样，是单独行动的。维果茨基认为，我们在社会交往中学习，他把儿童称为"文化学徒"，因为他们从身边的成年人那里了解自己的世界。20世纪后半叶，社会学、心理学和神经科学等学科极大地促进了我们对儿童如何思维和学习的理解，使我们对早期学习过程有了更准确的认识。维果茨基坚持主张儿童是社会学习者，认为语言和交流是成功学习的关键。作为儿童早期教育工作者，我们认为最自信的学习者，正是那些充分掌握了语言来表达自己的感受和想法的儿童。

图 1.2　维果茨基认为，儿童是社会学习者

维果茨基强调的社会学习的另一方面是，成年人（有时又称为"专家型他人"）在儿童学习过程中扮演着重要的角色。根据皮亚杰的理论模型，教师观察并等待儿童"准备就绪"；但维果茨基提出了另一种准备："维果茨基所说的准备不仅包括儿童现有的知识水平，还包括儿童在他人帮助下进行学习的能力。"³ 因此，儿童现有的理解水平是可以观察到的，在此基础上，专家可以进行干预并支持儿童进入下一个发展阶段。儿童能够独立完成

的任务和在他人帮助下完成的任务之间的差异，维果茨基称之为"最近发展区"！在这一点上，敏感的儿童早期教育工作者能取得很大成就，他们能够发现儿童下一步的学习内容并提供他们所需的支持，从而帮助儿童发展到下一个阶段。英国的学前教育有效供给研究（Effective Provision of Pre-School Education, EPPE）中的一项研究证实了它的重要性。持续共享思维（sustained shared thinking）被描述为"一段经历，在这段经历中，两个或两个以上的个体以智力方式'合作'解决问题、澄清概念、评估活动、扩展叙事等。所有人都必须对思维作出贡献，并使其得到发展和拓展"。[4] 持续共享思维支持合作的思维模式，该思维模式往往没有预先设定的结果，换言之，最终的结果有时是出人意料的，而不是预先计划好的。正是这种思维引发了创造力和元认知（对思维过程的思考）。

持续共享思维依赖于儿童自身向他人学习的能力或倾向。这是儿童发展的其他方面与智力领域相互作用的极好例子。年幼儿童只从他们的"关键人物"[5]，即他们的"同伴"或他们熟悉的值得信赖的成人那里学习。因此，每个儿童身边有一个十分重要的关键人物，他们可以参与这种持续共享思维。情感上没有安全感的儿童不愿意去探索新知识，因为这种探索往往是不可预知的。情感安全对儿童的户外冒险能力以及以一种可能成功也可能不成功的方式进行思考，均起着关键作用。创造性思维是一件冒险的事，失败必须被接纳。我们要让年幼的儿童知道，不管探索新知识和新技能这一不可预测事件的结果如何，他们依然会被爱着。有时，这种思考方式以"如果不，那会怎样？"而著称，并鼓励儿童思考不同的问题解决方案。"故事法"是向年幼儿童介绍这种思维的好方法。我推荐用海伦·奥克森伯里的《三只小狼和一只大坏猪》，这本书是训练幼儿替代性想法和创造性思维的极佳例子。[6]

布鲁纳有关儿童期的理论

现代教育思想的巨人之一杰罗姆·布鲁纳，至今仍致力于认知心理学领域的研究。他认同维果茨基的观点，认为学习是一种社会活动，丰富的早期环境堪比科学家的实验室，在这样的支持性环境中，儿童可以探索、实验并体验成功或失败。"学徒"一词在这里再次出现，正如布鲁纳所说，"专家型他人"（通常是一个成年人）为儿童的学习提供"脚手架"或支持，直到儿童掌握了概念，不再需要当学徒，这样的学习方式最有效。布鲁纳讨论过人类编码信息的不同方式，分别称之为动作模式（基于动作）、图像模式（基于图像）和符号模式（基于语言）。所有人类都在持续不断地使用其中一种方式来表征新知识，但随着个体日渐成熟和能力不断增长，他们会越来越多地使用符号模式。

例如，我记得有一次被通知去一所大学参加面试。我不仅提前一周开车去那个校园，以确保自己知道这所大学的位置（动作模式），并找到可以停车的地方，而且我还带了一份地图（图像模式）。在新岗位工作了几周之后，我不再需要带着地图，因为我已经成功地内化了方位，并且有信心在没有外物辅助的情况下到达目的地。诚然，很多人的方向感比我好，并不需要这些辅助物，但我们在儿童的游戏中可以看到，儿童会使用策略对生活中所遇到的经历进行外在表征。在下一章中，我们将探讨游戏在帮助儿童学习中的作用，尤其是儿童运用外部辅助或图式将各种思维片段组织起来的方式。

布鲁纳认为，在某种程度上，儿童的学习可能会因坚持刻板的发展阶段的观念而受阻。他认为，任何学科都可以用某种适合儿童智力水平的恰当形式，教给处于任何发展阶段的任何儿童。例如，一个孩子注意到花缺水会枯死，这有助于其理解植物是通过茎运输水分的（或许是通过看到有颜色的水逐渐改变了花的颜色），但是，并不需要告诉这个孩子关于"渗透作用"的整个科学过程。儿童用水果制作交替的印花图案可以被认为是他们理解代数的开始，而照顾宠物则为儿童开始理解生物和非生物之间的区别提供了宝贵的经验。

基于这样一种假设，即大多数知识都可以被转化为幼儿能够理解的形式，布鲁纳提出，儿童的学习是通过在早期不断有规律地获取他们可以重复和掌握的经验而发展起来的。这对我们的教育实践有重大意义，因为它意味着，例如，在让儿童制作一个模型之前，我们必须让他们弄清楚如何使用胶水、透明胶带和剪刀。只有通过重复这些探索过程，儿童才能获得专业知识，逐渐积累起他们所需的经验，从而有足够的信心去尝试更复杂的事情。这就是我们所说的"掌握取向"的方式。儿童完成一项挑战性任务时会体验到喜悦，如果能定期感受到这种喜悦，他们就会形成一种"我能行"的学习态度。布鲁纳将这一理论称为"螺旋式课程"，也就是说，儿童会将他们逐渐增长的知识和专业技能运用到正在学习的任何东西上，并获得能力提升。这带给儿童早期教育工作者一个启示，即我们必须始终如一地为儿童提供资源，让儿童有机会改进和练习他们的技能。以"儿童会感到无聊"为由而改变周围环境，实际上会妨碍他们在生命早期一遍又一遍地努力尝试同一件事情，直到它变得完美。

布鲁纳和维果茨基关于儿童如何学习的理论都反驳了皮亚杰的观点，即教师需要等到儿童 7 岁左右才能教其开展逻辑学习。我们现在明白，儿童缺乏的不是逻辑思维而是经验。要让更小的孩子去学习，我们要做的是在他们现有理解水平的基础上，以对他们有意义的方式来呈现知识。

理论及其作用

这些被我们称为伟大教育家的思想，为教育工作者提供了一些明确的信息，使他们可以更有效地教学。的确，如果理论不能影响实践，那么理论几乎没有什么用处，只不过是大众兴趣而已。那么，教育工作者如何确定哪些理论是合理可信的呢？达尔伯格、莫斯和彭斯讨论了这一困境，他们认为，作为专业人士，"我们的行动都是带有理论的，只不过常常没有意识到罢了。换言之，我们对理论的吸收程度足以支配我们的思想和行为，尽管我们可能没有意识到正在发生什么——甚至到了将理论与真相混淆的程度。"他们接着评论说，"简而言之，理论是把双刃剑"。[7]

理论的一个主要问题是，它们可能被政客们用来捞取短期利益。在第二次世界大战结束时，英国政府将约翰·鲍尔比关于儿童对主要照护者的情感依恋理论作为其"温暖舒适家园"政策的一部分！这一举措使在职母亲们从战时的岗位回归家庭，从而为回国的士兵们留出了为数不多的工作机会。目前，儿童保育可能被视为劳动力市场供给的一个因素。有人可能会质疑，当今的儿童保育运动是否更多的是关于对儿童来说什么是正确的，而不是关于为了确保充分就业需要做什么。儿童保育方面的专业人士经常发现自己处在两种对立理论的夹缝中，极为不舒服。安吉拉·安宁在其著作《在学校的第一年》中生动地描述了20世纪90年代的情况："婴幼儿教师发现自己陷入了以儿童为中心的进步主义和要求传授基本技能的功利主义的无情浪潮中。"[8] 一些儿童早期教育工作者可能会得出结论：尽管现在幼儿教育的"基石阶段"结束于6岁而不再是5岁，但安宁的发现仍是有意义的。只要对立理论之间存在分歧，就会出现关于教和学应该如何进行的紧张关系。

一种明智的做法似乎是，将那些与儿童发展明显相关的理论视为对指导教学和照护婴幼儿最有帮助的理论。美国幼儿教育协会基于儿童的发展制定了十项原则，这些原则已被载入现行立法。前面"丛书序言"中提到的以下原则与另外五项原则共同构成了当前许多关于儿童早期教育的思想基础：

- 儿童是潜在的强大且自主的学习者；
- 他们需要富有爱心且敏感的成年人的陪伴；
- 儿童对自身的认知是他们作为学习者成功的关键；
- 游戏是促进儿童理解力发展的强大机制；
- 儿童当前的能力将是他们未来学习的起点。

这些原则直接来自社会建构主义理论，其核心观点是，学习是一种主动去建构意义的心理努力和个人努力。这一信念与19世纪寄宿制学校的"技能与训练法"并不相符，自20世纪80年代以来，"技能与训练法"又重新流行起来。然而，它的确与21世纪备受推崇的两种早期教育体系产生了很大共鸣，即新西兰的幼教课程"Te Whariki"和产生于意大利北部的瑞吉欧（Reggio）教学法。这两个国家的教育学都认为儿童是潜在"强大且自主"的个体，并且认为构建理解是由学习者和教师共同完成的。虽然基于非常不同的文化环境，但是这两种早期教育体系的教育过程都明确"以儿童为中心"。它们认为儿童的家庭及其所在社区是其成功学习的主要场所，并鼓励儿童通过富有想象力和创造性的活动去理解知识、经验和观念。这些观点与我们对儿童发展过程的了解密切相关，明智的儿童早期教育工作者总是把他们的教育方法与儿童的自然发展联系起来。我们还从神经科学这门不断更新的学科中了解到，当婴幼儿积极参与他们感兴趣的事情时，他们的大脑会变得活跃起来。这似乎证明了儿童早期教育工作者长期以来通过观察儿童的学习行为而得出的结论是正确的。最后，由克莱尔·蒂克尔爵士撰写的一篇关于《英国国家早期教育纲要》的非官方报告，着重强调了玛丽亚·埃万杰洛所谓的"有效学习的特征"，换言之，"正是那些源于儿童自身的因素，在其学习和成为有效学习者的过程中起着核心的作用"[9]。这些特征在现行的《英国国家早期教育纲要》中已经存在，它们是：

- 游戏与探索
- 主动学习
- 创造性与批判性思维

我们可以清楚地看到，这些特征反映出我们在本章探讨的关于儿童理解和能力发展的理论。通过研究儿童早期教育的历史背景，我们可以逐步理解现今的观点是如何得来的，并且可以开始基于事实和可靠的研究证据而非那些带有短期目标的流行理论，做出关于如何帮助儿童学习的正确决策。本章所探讨的观点和理论将构成后续章节中辩论和讨论的基础。

参考文献

1. H. Cunningham. *The Invention of Childhood*. BBC Books, 2006.
2. H. Cunningham. *The Invention of Childhood*. BBC Books, 2006.
3. D. Wood. *How Children Think and Learn*, 2nd edition. Oxford: Blackwell, 1998.
4. I. Siraj-Blatchford et al. *Researching Effective Pedagogy in the Early Years*. DfES, 2002.
5. R. Roberts. *Self-esteem and Early Learning*, 2nd edition. Paul Chapman, 2002.

6. H. Oxenbury. *The Three Little Wolves and the Big Bad Pig*. Egmont, 1993.
7. G. Dahlberg, P. Moss and A. R. Pence. *Beyond Quality in Early Years Education and Care*. Routledge/Falmer, 1999.
8. A. Anning. *The First Years at School*, 2nd edition. Buckingham: Open University Press, 1999.
9. *The Early Years: Foundations for Life, Health and Learning*. Report on the Early Years Foundation Stage by Dame Clare Tickell to Her Majesty's Government, 2011.

第 2 章

游戏、探索与学习

游戏是学前儿童发展的主要源泉。

——维果茨基

游戏是一个模棱两可的概念！它没有简单而明确的定义，对不同的人而言，它意味着不同的东西。[1]

　　基于本章的目的，我们有必要厘清与游戏有关的各种复杂含义，并试图发现到底是游戏过程中的什么在帮助儿童学习新事物方面发挥了如此强大的作用。我们都知道，游戏是一种被高度认可的学习方式。《英国国家早期教育纲要》第4.1条明确指出，"在游戏过程中，儿童的学习投入程度最高"；维果茨基谈及游戏时，也认为游戏是"学前儿童发展的主要源泉"[2]。由此看来，无论是在指导我们教育实践活动的教育理论中，还是在政府相关的文件中，游戏都占有重要的地位。然而，我们都再清楚不过，儿童早期教育机构的员工以及幼儿家长们,其实对游戏知之甚少,他们把游戏作为学习工具的混乱认识,经常把游戏搞得既缺乏挑战性又缺乏刺激性。20 世纪 80 年代,研究者考察了托儿所中的儿童和成人的自由游戏方式,结果发现"儿童的自由游戏活动缺乏挑战性,通常是简单的重复性活动"[3]。对于我们这些年幼儿童的照护者和教师而言,只是重复"幼儿教育必须以游戏为基础"这句箴言是远远不够的。我们必须清楚哪些类型的游戏能够促进儿童的学习,并探究其原因。我们试图通过考察游戏过程和学习过程来做到这一点。通过探索这些观点,我们或许能够理解为何

图 2.1　在游戏中,儿童的学习投入程度最高

把如此之高的赞誉赋予了游戏式学习，以及我们如何确保我们的实践具有足够高的质量以支持这些主张。

游戏的本质

游戏对人类具有普遍的功能。无论我们 6 岁还是 60 岁，游戏都为我们提供了同样的机会去了解世界的运转方式并获得新知识。想想某个刚退休的成人，她决定自己种菜。和钓鱼、在唱诗班唱歌或学习一门语言一样，园艺通常也是成年人的爱好，生活中他们乐于花足够多的时间去学习自己喜欢的东西。是什么促使一个人花大量时间和精力去提高他们想要的技能水平？通常不是金钱，也不是对完美的追求，而最可能的是，人们尝试做某件事，还能够不断取得进步，这确实给我们带来了内在的愉悦。爱好如此令我们满意的原因之一是，它们涉及我们的技能、知识和能力的方方面面，这让我们总是自我感觉良好，并热切地期待自己再次去钓鱼、再次去游泳，或乐此不疲地从事园艺活动。

例如，为了全身心地打造一个漂亮的花园，我们需要把认知、身体和情感都投入其中。我们需要知道在花园的哪个位置种植哪些植物，它们才能茁壮成长，这一过程就用到了我们的智力或认知技能。我们需要有足够的体力去为花园里的土壤松土并拔除杂草，这就需要我们身体的参与，并在一天结束时获得一种健康的疲惫感。当事情进展不顺利时，我们需要动力去坚持自己的爱好；当天气不够晴朗时，我们需要动力走出家门；当小鸟啄食了我们的幼苗时，我们需要动力去思考如何解决问题！这种动力涉及我们人格中的情绪部分，从而确保我们在自己选择的爱好上不畏艰难，并投入大量的精力、时间和思考。

我希望这听起来是一个熟悉的过程，因为它与儿童的游戏过程基本相同。为了更进一步进行类比，我们一起回顾本章第一节提到的三个观点，并把它们应用到我选择的园艺爱好上。

发现与探索是园艺的乐趣之一。我可以从后门走出去，看看园子里都有些什么；我可以掘起土壤，看看它有多肥沃；我可以透过邻居家的篱笆，看看他家花园里哪些植物长势好，并据此来判断光照的方向，以便把我的菜圃开辟在最佳位置，获得最好的收成；我可以找到当地的苗圃专家，咨询应该种植些什么，我还可以买园艺杂志作为参考；最重要的是，我可以开始播种和插条，然后观察哪些植物长势好，哪些长势欠佳。

我以前有过一个花园，我可以运用我已有的知识来建造我的新花园。关于花园里土壤类型的已有知识，有助于我选择要试种什么植物，以前的园艺经验告诉我该买什么种植工具。因为我的这个爱好没有任何约束，我可以随心所欲地打理自己的花园，也可以决定是否种植一些比较娇嫩的植物——如果遇到霜冻，它们可能会死掉。

然而，由于我对园艺并不陌生，我已经制定了一些策略，可以用来尝试一些新想法，因此，我会在冬季尝试用"稻草毯"包裹我新种植的橄榄树，希望它能熬过寒冬活下来。如果橄榄树存活下来了，我就能很好地利用这一新知识，更有把握地种植其他娇嫩的植物。如果这种策略没有效果，我的橄榄树死掉了，好吧，虽然我经历一次失败，但我从成功和失败中都能学到知识，这些知识有助于我决定今后购买什么样的植物以及如何照料它们。在所有这些过程中，我一直深深地沉浸在我的爱好中，热衷于结识志同道合的人，并且很开心在圣诞节能收到园艺纪念品礼物。

我们已经详细地探讨了游戏与成人的爱好之间的联系，但我希望，通过这种方式，我们能够清晰地看到这类游戏式学习的某些方面。这类学习之所以有效，有多方面的原因，其中一些原因已在英国儿童、学校和家庭部的文件《学习、游戏和互动》[4]中给出。

下面是已知的游戏属性列表，浏览该列表，看看其中有多少在园艺这一类比中是显而易见的：

- 发现兴趣；
- 愿意探索、实验和尝试新事物；

- 知道如何以及去哪里寻求帮助；
- 富有创造性——创造问题并找出解决方法；
- 富有灵活性——检验并改进解决方法；
- 通过集中注意力、保持兴趣，以及即使困难重重也坚持不懈，全身心地投入某件事情；
- 作出选择和决定；
- 制订计划并知道如何实施；
- 与同伴和成人一起游戏和工作；
- 管好自己，管理他人；
- 形成"我能行"的学习倾向；
- 保持韧性——如果事情不能按计划进行，总能很快找到替代策略；
- 理解他人的观点和情绪。

在本书中，我们关注那些与智力或认知发展有关的学习方面，当然，游戏也有助于促进与情绪或情感有关的学习方面。游戏的力量在于它具有整体性。游戏在帮助个体学习新知识的同时，还有助于儿童（和成人）与他人合作，并发展出对他人观点和情绪的同理心。我们这套"儿童发展的基石"丛书对这些因素进行了充分的探讨。

因此，游戏是任何年龄的人都可用来理解世界是如何运作的成功过程之一。最近有关脑的研究完全支持了我们这些儿童早期教育工作者长期以来对学习本质的质疑。通过个人经验，我们每个人建构了自己的世界观。

学习的本质

在考虑了游戏的意义并思考了它获得如此高的赞誉的一些原因之后，现在，我们终于可以在游戏和"学习及人类最有效的学习方式"之间画上等号了。

学习可以说是一场旅行。例如，在新西兰，对儿童成绩的评估通常被称为"学习之旅"，因为人们绘制出了儿童在能力和正确理解方面的发展进程。学习也被认为与"带来改变，或者至少应对变化"[5]有关。正如我们从人类发展史中了解到的，变化是人类生存条件的一部分，应对变化的能力是人类存活下来的主要原因之一。

随着对脑工作机制的进一步了解，我们已经能够确切地知道，婴儿的经验开始形成一种模式，在混乱的生命早期阶段，这种模式可以为他们提供安全感和安慰。多次重复的经验在婴儿的脑中形成了物理模式。脑细胞或神经元之间通过个体的不断交流互动建立联结，从而形成了这些模式。这些联结点被称为突触，它们使学习能够向无限个方向发展。人们认为,学习的发展方向既取决于遗传或基因的影响,也取决于经验的影响,学习的内容涵盖发展的所有领域。神经科学的研究成果带给儿童早期教育工作者的启示是,儿童拥有的经验越丰富,他们的大脑就会建立越多的联结,他们就会有更多的机会去发展更多的新知识。在儿童的学习过程中,每一次的新理解都伴随着儿童脑的发育以及自信心的增长,因为他们享受着认知能力增长所带来的满足感。

5岁女孩黛茜的真实故事

黛茜和奶奶要去伦敦公园喂鸭子。途中,她们不得不绕过一股水流,水正从破裂的管道中涌出,并沿着排水沟流淌。黛茜好奇地问:"奶奶,这些水是从哪里来的呀?"奶奶指向路边一处方形的下水道口说:"哦,我想水是从附近的房子里流出来的,可能是排水管道破裂了,所以水正顺着下水道流出。"黛茜追问:"什么是下水道?"奶奶回答说:"下水道就是街道下面用来排水的通道,这样水就可以循环使用了。"此时,奶奶试图继续往公园的鸭塘方向走去,因为她觉得,如果任由黛茜沿着这个问题继续刨根问底,她会难以回答。但是,黛茜却一动不动,继续问道:"奶奶,水在地下是怎么流动的?"奶奶回答:"通过地下的大水管。""那水流到哪里去了？"黛茜追问。"嗯……"奶奶思量着说（显然，她想努力做出专业的准确的回答），"这些水经过循环设备处理后，再送回我们的水龙头里。"黛茜又问道："是给我们喝吗？""是的。"奶奶答道，当她意识到这个解释会带给黛茜恐惧时为时已晚。黛茜说："呸，呸，我以后就只喝果味饮料了！"

　　黛茜学习新知识的例子在几个层面上都很有趣。它说明了一点，上述例子涉及的知识，不会被儿童早期教育机构中的任何从业者纳入学习计划。伦敦的水循环系统并不是一个会立即浮现在脑海中的适合5岁儿童了解的主题。那么，为什么黛茜对这个问题如此感兴趣呢？这里有几个原因，其中之一是，关于水的问题都源自黛茜而非奶奶的大脑。如果学习者充满好奇心，具有主动性，那么学习就能发挥其最大作用；实际上，这就是我们所谓的儿童自发性学习。当然，学校里的学习情形却往往相反，老师充当提问者，儿童必须回答老师的问题。我们知道，从儿童发展的角度来看，这是一种不那么高效的学习方式，因为这种学习缺少了一个关键特征，即动机。黛茜身边有一位爱她且令她信赖的成年人——奶奶，她知道，奶奶会耐心回答她的问题，尽管她的答案并不总是完全准确！另一个原因是，黛茜正在亲身体验从水管中涌出的水，这是一种真实的体验，也是一种捕捉到她想象力的体验，因为它就发生在她面前，可以被看到和感受到。这无疑是一个通过丰富的经验来学习的例子，并与布鲁纳的观点相一致，即"任何学科都可以用某种适合儿童智力水平的恰当形式，教授给处于任何发展阶段的任何儿童"[6]。

上述例子也与其他一些理论家的观点相关联，例如维果茨基，他将语言和教师视为学习的核心。他认为最有效的学习是那些使用描述性和质疑性的语言进行思考的学习，这一点在上述例子中非常明显。成年人的作用也是至关重要的，如果当时没有一个深爱黛茜的成年人在场与她讨论这些问题，或者如果她是和一个她不太熟悉的人在一起，她肯定就学不到这些知识了。在不考虑特定学习目标的情况下共同探索某一主题，这正是"持续共享思维"的含义所在，也是成功学习的关键因素。《英国国家早期教育纲要》第4.3条明确描述了这种类型的学习伙伴关系，"持续共享思维包括成人意识到儿童的学习兴趣和理解力，以及成人与儿童一起努力形成某种观点或技能"[7]。这带给儿童早期教育机构的启示是，必须要有一个关键人物，即一个受人喜爱和值得信赖的成年人，顾名思义，这个关键人物是将新知识传递给年幼学习者的关键。

本章强调了学习的最初要素之一，即探索。当然，黛茜关于饮用水的对话可以说属于发现和探索的范畴。这种新知识以后很快就能回忆起来，因为黛茜有一段时间坚决不喝自来水，只喝果味饮料。这可能是因为她的知识储存在大脑的额叶皮层中，负责学习新概念，而这些新概念会在游戏中重现或成为故事的一部分。这种新知识成为黛茜每天都会增长的知识储备的一部分，当有需要时，它就会被提取出来。

学习理论表明，这种新的理解可能为另一新概念奠定了基础。或许，黛茜再看到伦敦街道上的大水管时，她会想起与奶奶的对话。如果没有发生这次有关水流的对话，她可能不知道这些就是水管，也不可能得出结论。正是通过这种方式，我们脑中的突触形成了新的联结，就像《英国国家早期教育纲要》第4.3条描述的那样，"新的联结有助于改变我们的理解"。日后，黛茜把她的知识应用到大型管道上，就是"将她已知的知识运用到新的学习中"的一个例子。很有可能，在将来的某个时刻，她会把这次早晨在喂鸭子的路上学到的知识应用到某个游戏中。

值得深思的是，黛茜在学习新知识并丰富其认知库的同时，她也在学习人际关系。年幼的儿童从来都离不开成人，他们所有的学习都是由成年人来调节的，所以人际关系是所有儿童学习的核心。相比技术事实的学习，人际关系的学习要稍微复杂一些，这主要是因为，科学中如此可靠的模式在应用于人类行为时就不再那么靠谱了。年幼儿童需要验证关于谁可以信任的理论，这样他们就知道在自己需要帮助时应该向谁求助。正因为如此，在与儿童相处时，我们行为的一致性才显得如此重要。那些总是作出一致性回应的成年人，以及花时间与儿童相处的成年人，将是儿童在需要帮助时最经常求助的对象。

在思考学习的本质之初，研究者就指出了学习概念的根本在于学习涉及应对变化的能力，这一观点值得进一步深究。所有的学习都涉及从舒适区向挑战区的转变，从而不得不面对一些超越自己理解能力的事物。对于成人来说，这可能是一种新知识、新语言、新技能或新概念，比如教与学的本质！无论学习的内容是什么，现有的知识必须加以调整以顺应新的理解。有时，做到这一点的确很难。例如，作为一名儿童早期教育工作者，假设你认为成人总是应该替儿童做决定、监控儿童。在某次培训课上，你了解了儿童自发性学习以及持续共享思维中隐含的自主性和平等性，这些可能会给你带来一些挑战，并引发你的深刻反思。这一过程有时被称为认知失调，在这一过程中，学习者必须斟酌已有知识，并根据接收到的信息对其价值作出判断。

当儿童加工新信息时，他们不得不时刻应对这个问题，并不断根据他们认为自己所知的信息对其进行评估。由于他们缺乏判断新知识的经验，往往不得不拒绝那些他们认为很确定的东西，而支持那些几乎无法理解的东西，因此儿童需要有非常强的情绪韧性。儿童会不断地检查他们认为自己所知事情的准确性，在我们的职业和个人生活中，我们再熟悉不过的就是他们所提问题的多样性和持续性。这种对准确性的探索是理解世界如何运转的必要性的一部分，也是所有儿童都会花大量时间在做的事情。如前所述，多次重复的经验会在个体的脑中形成模式，该模式不仅适用于智力，也适用于人际关系。一个不能与年幼儿童保持一致的儿童早期教育工作者，也就无法为儿童提供他们在学习过程中所需的安全感。

在游戏中学习

在深入考察了游戏与学习之后，我们现在仍需研究它们是如何交互作用，为儿童的发展提供有价值的环境的。儿童参与其中并进行创造性思考的高质量游戏，将为深层次的学习提供完美的媒介。游戏的显著优点之一是，儿童在游戏中的学习是整体性的，就像在现实生活中学习一样。在学校里，知识常被人为划分成不同的学科领域，这样儿童会发现自己在一门课程中学习数字组合，而在另一门课程中学习做饼干。在游戏中，儿童运用数字组合技能的真正目的，可能就是要把饼干按数量分给在场的小伙伴们，这样学习便有了目的，对儿童而言也是有意义的。洛利斯·马拉古奇在他的诗作《儿童的一百种语言》[8]中指出，教师倾向于割裂和限制儿童可以接触到的知识体系。他慷慨激昂地呼吁，儿童能够将不同方面的知识整合起来，例如"现实与幻想""科学与想象"以及"理性与梦想"。游戏为这些看似对立的知识提供了确切的条件，使它们以一种不可预知的混乱状态整合在一起，在很多情况下，这种混乱日复一日地再现了生活本身，再现了我们所有人的生活方式。

特别是角色扮演游戏的不可预测性，让儿童经历了现实生活中难以应对的情绪之一——不确定性。游戏有助于儿童体验和实践这种不确定性，并在事情不像他们预期的那样发展时，磨炼他们的心理韧性。我们的生活中充满了大大小小的不确定性，如果告诉儿童学习的过程总是由正确的和错误的答案组成，这对他们来说是毫无帮助的。正如成年人建立自信和心理韧性来面对未来的不确定性一样，儿童也可以通过一些具有一系列不同解决办法的角色扮演游戏，培养他们的自信、发展他们的心理韧性。智力发展不仅关乎对事实和数字的识记，而且也关乎想象力的发展。科学家梦想通过实际的实验来治疗疾病，就像画家用画笔和颜料创造出奇妙的图像一样。没有梦想，就没有探索和实验的动机；没有想象，就不会有雕像、庙宇或书籍的诞生。

因此，游戏为儿童提供了充分发挥想象力的机会，在第 3 章中，我们将对这一主题进行更全面的探讨。就本章而言，我们讨论的是探索,有时它被称为游戏的最初阶段。从儿童的角度来看,游戏之所以好玩,原因之一是探索性游戏很少有最终的结果,记住这一点可能会对你有所帮助。尤其是在游戏的早期阶段,儿童从游戏中能够获得满足感,是因为他们可以长时间专注于游戏却无须创造出任何成果。明智的儿童早期教育工作者会认识到,那些专注于游戏的儿童在游戏时投入了大量的精力、专注度和坚持性,并且正发展出越来越精细的技能。 这些技能,有时是一些有助于理解新概念或新观点的认知技能,有时是一些关于身体的、情绪的或社交的技能。它们都是儿童需要培养的生活技能,正是

图 2.2 专注于游戏的儿童会投入大量的精力、专注度和坚持性

在认识世界的这段时间里,儿童发展这些技能的倾向被确定了下来。

为了支持年幼的儿童形成积极的学习倾向,并成为自信的学习者,儿童早期教育工作者在游戏中扮演着重要的角色。通过示范一种有时被称之为"自信的不确定性"(confident uncertainty)的态度,他们可以向儿童表明,不确定性是事物的正常状态,不同的思维方式会给他们的游戏增添丰富的内容。这样,儿童在经历失败时就不会感到绝望,他们能够从错误中学习并获得新知识。我们的孩子出生在一个多元化的世界里,在这个世界里,有富有洞察力的幼教工作者和丰富的游戏体验,这将有助于儿童发现自己的优势和兴趣,使他们相信自己是一个自信的、有能力的学习者。

挑战和困境

- 你将如何确保你的员工团队能透彻地理解游戏及其在学习中的地位?有些儿童早期教育机构的主管会要求同事阅读有关游戏的文章,或阅读论述游戏的图书中某一章节的内容,以便在工作会议上展开讨论。他们也可能安排员工参观访问其他儿童早期教育机构。

- 为你班级的儿童提供有趣的游戏体验，鼓励他们充分发展自己的能力和兴趣，这是一项挑战。诸如"谁住在这里？"（参见第 9 章）这种常见的综合性主题能让儿童在适当的时候参与到学习中来。

参考文献

1. Report on the Early Years Foundation Stage by Dame Clare Tickell to Her Majesty's Government, 2011.
2. J. Fisher. *Starting from the Child*? Buckingham: Open University Press, 1996.
3. K. Sylva, C. Roy and G. McIntyre. *Child Watching at Playgroup and Nursery School*. London: Grant McIntyre, 1980.
4. Department of Children, Schools and Families, Qualifications and Development Agency, *Learning, Playing and Interacting: Good Practice in the Early Years Foundation Stage*, 2009.
5. A. Bainbridge. *Children's Learning in the New Early Years Professional* (ed.). A. D. Nurse. Abingdon: Routledge, 2007.
6. M. K. Smith. Jerome Bruner and the Process of Education. *Encyclopaedia of Informal Education*, 2002.
7. EYFS card 4.3.
8. L. Malaguzzi. The Hundred Languages of Children in C. Edwards, L. Gansini and G. Foreman (eds.). *The Hundred Languages of Children: the Reggio Emilia Approach*. Greenwich, CT and London: Ablex, 1998.

第 3 章

主动学习

主动学习的儿童将会发展出有效学习所需要的特质,如专注力、坚持性和满足感,这些都是他们学习进步最为重要的东西。

尽管小孩子喜欢变得聪明和博学,但其自信并不在于他/她的思维。自信源于小孩子的能量之源,源于他/她认为自己是一个精力充沛、情感丰富、有应对能力的活生生的人。[1]

主动学习的特点,与我们在第 2 章中探讨成人的爱好时提到的观点有许多共同之处。在本章中,我们将从最广泛的意义上来讨论"主动"一词,即儿童全身心地主动投入学习。事实上,主动学习的特点就像《英国国家早期教育纲要》第 4.2 条描述的那样,非常强调儿童所需的心理态度的重要性,例如,"感到放松、安全和自信"以及"具有一定的独立性和控制力"。这些心理态度是儿童发展自信心、培养学习动机和好奇心所必需的。因此，他们将逐步发展出有效学习所需的一些特质，如专注力、坚持性和满足感，这些都是他们学习进步最为重要的东西。创设一种儿童感到安全、充满好奇并专注于其中的早期教育环境，其目的是促进儿童思维技能的发展，以便他们能够对相对精细的知识进行深入和持续的思考，而不是鼓励他们对广泛的兴趣只作肤浅的了解。我们也许看到过，某个女孩对"一只蜘蛛有几条腿"这个问题很痴迷。她会花很长时间，用放大镜来观察蜘蛛，看看它是否果真有八条腿！在这一过程中，儿童展现出了许多我们乐于见到的特质，无论在精神上还是身体上，所有这些都是主动的过程。

首先，我们要思考我们的儿童早期教育机构想要在儿童的思维、理解和能力方面达成什么目标。在蒂克尔爵士关于《英国国家早期教育纲要》的评论中，这些学习维度被划分为以下三部分：

1. 参与其中并保持专注；
2. 不断尝试，反复练习；
3. 享受其中并达成他们设定的目标。

这三个方面都是儿童进行思考、理解和建立自信所必需的，并且在试图弄清它们的含义之后，在与儿童相处的日常工作中，我们将考虑那些鼓励儿童发展这些品质的实践方法。

思 维

思维过程有点像与自己对话。语言的应用知识很有用，当想法和情感与现有的理解相匹配时，它们就可以被拿来讨论、被采用，或者被拒绝。要做到专注，儿童需要具备诸如注意、动机、自信等特质。这些特质有时被称为认知技能或思维习惯，它们将使儿童终身受益。所谓注意的技能，就是要求儿童关注他们周围有趣的事物，这通常需要成人的参与。前面提到的那个数蜘蛛腿的女孩，很可能在曾经的某个时刻，有个成人让她注意到了一只蜘蛛，并和她谈论了蜘蛛有多少条腿。这种注意和记录事实的过程，与年幼儿童天生的好奇心有关。这就是驱使女孩仔细观察更多蜘蛛的原因，她好奇，她观察，是为了确证她的信息是准确的，这样她就可以自信地将这条信息储存在她的大脑中。通过这种方式获得的自信带给她一种安全感，她已经理解了这一新知识，并且将继续验证，直到她确定无疑这一知识的准确性为止。此时，可以说她已经具备了这方面的能力，她的这种自信，可能意味着她会热情地告诉她的朋友、家人和那些她生活中重要之人："你知道蜘蛛有八条腿吗？"她会为自己的新认知感到高兴，并很可能会受到这一成功的激励,从而将她的认知扩展到其他昆虫上,或许还会比较其他生物的解剖结构。

理 解

理解就是把认知拼图的一块块图板拼合起来的顿悟时刻。大多数时候,年幼儿童只是知道一些小的片段信息,这与他们自身的认知发展水平相适应。随着他们逐渐发展成熟,如果有人帮助他们注意到并专注于他们感兴趣的事情,他们将学会如何进行逻辑思考,从而更好地理解周围的世界。理解需要深层次的思考,婴幼儿完全能够对他们感兴趣的事情进行深入的思考,我们将在第 4 章中进一步探讨这一问题。费雷·利弗斯谈到了深入思考是什么样的。他把陷入沉思的孩子描述为"水中之鱼"[2],换言之,他们在学习的过程中,无拘无束,自由自在。他还从儿童的面部表情、专注水平和语言等方面,详细描述了这类学习的显著标志。通过仔细观察那些与我们一起相处并且很熟悉的儿童,我们就能清楚地看到,他们是否在进行足够深入的思考,并进而达到一个新的理解水平。

能 力

能力是学习过程的另一组成部分。为了能够在大脑中植入新的理解片段，必须有机会重复该学习片段，以确保它绝对准确，并且在下次需要时可以放心地使用它。那么，这就需要更多的机会反复审视新知识，直到确信其有效性。这个过程与科学家探索新发现的过程相类似。如果科学家发现了一种新的特效药，该药在上市前要经过严格的临床试验，只是为了确保它总是有效。这种实践或测试过程对于复杂的认知知识来说尤为必要。数学就是这样一个学习领域，在该领域中，不要强迫儿童太快地进入下一个理解阶段，这一点至关重要。如果强行这样做，他们很可能只会对某一观点形成不牢靠的理解。例如，如果儿童被催促着匆匆完成了"计数"的学习（就像"蛇梯棋"或"十位和个位"），在下一阶段的学习中，他们很可能会失败，因为下一阶段的学习要求对这些最初的复杂概念有确切的理解。就能力而言，首先是理解，然后才是实践。

理论付诸实践

为儿童提供一种能使其思考、理解和变得更有能力的环境，这一职责具有重要的实践意义和教育意义。在鼓励思考的环境中，儿童会发现能激发他们好奇心的事物，这样他们就能参与其中。也许儿童早期教育工作者已经准备好了两个水容器以及不同长度（短、中、长）的塑料管和一个水壶，并鼓励儿童找出哪一根管子能最成功地将水从一个容器注入另一个容器中。当然，在这个过程中会发生操作失误，导致水溅到地板上，但这就是学习过程的一部分，学习新概念新技能很少能做到有条不紊。一旦好奇心被唤起，儿童就会花很长时间，全神贯注地完成把水从一个容器注入另一个容器的任务。他们会不断尝试，在此过程中也会不断出错，但如果儿童早期教育从业者支持儿童的这种学习，并且至关重要的是，允许儿童定期进行类似的学习，这样儿童就能反复练习，获得相应的能力，并由衷地为自己的新理解感到喜悦。

在这个例子中，实践和教学是交织在一起的，就像高水平的学习经常发生的情况一样。在实践中，教学计划中的这种混乱是可预料并允许存在的。在教学中，教师清楚儿童可以从这个活动中学到什么，以便为其提供最佳支持。他们也很清楚，如果给予儿童足够的时间和空间，如果儿童对如何开始这项任务有一定程度的控制和自主性，那么他们的学习效果将最有效。教师会认同和重视他们在游戏中观察到的有效学习的特征，如专注、坚持和享受；同时也会意识到，在活动结束时不一定产生什么最终成果，例如一幅可以带回家或挂在墙上的画。他们也会意识到儿童对成人干预的敏感性，因为过于强调成人导向的学习目标，最有可能降低儿童的学习热情，有效学习的特征也会随之减少。对于儿童来说，一定的自主和控制是至关重要的，这样他们才能指导和监督他们自己的试验，从而保持专注并坚持下去。在第8章中，我们将探讨日常安排如何支持或限制儿童的自主性和控制力。

"水流"活动的观察者将会注意到，儿童对水流动方式的掌握表明他们已经理解了重力和水的特性。教师将利用这些信息来规划后续的活动，或者为那些需要进一步挑战的儿童增加活动复杂性。这类游戏为评估儿童的口语提供了丰富的机会，因为儿童要预测可能会发生什么并试图引导水流。同样可以观察到的还有儿童的社交信心：谁是活动的主导者，谁对活动感兴趣但缺乏足够的信心参与其中。正如玛格丽特·卡尔在其《学习故事框架》一书中所描述的那样，这种准备为儿童提供了丰富的机会，让他们在一定程度上参与到学习中来。她指出，儿童在学习过程中处于5个不同的可观察点[3]；作为儿童早期教育工作者，我们可以看到所有这些可观察点。这种开放式的游戏结构松散，有许多潜在的学习机会，将适合以下儿童：

- 产生了兴趣的儿童
- 参与到学习中的儿童

- 坚持克服困难的儿童
- 善于表达想法或情感的儿童
- 勇于承担责任的儿童

理　论

考虑到建构具有吸引力和挑战性的学习体验的实用性，我们需要确保儿童早期教育机构的情绪环境与物理环境一样有益于学习。因为这类游戏的设置是开放式的，并且包括儿童可能喜欢的各种游戏水平，所以大部分儿童认为自己能参与其中，或者至少对这些游戏"感兴趣"。儿童在投入某一活动之前，需要拥有生理和情绪上的安全感。他们需要知道一些问题的答案，例如，"我在游戏中能做些什么？""如果我把现场搞得一团糟会有问题吗？""我有多长时间可以用来玩游戏？""如果我遇到困难了，会有人帮我吗？""有什么事情是我必须要做或可以选择做的吗？"如果儿童能回答这些问题且能令自己满意，那么他们就更可能尽最大努力去参与这些活动，从而表现出标志高水平认知功能的所有特征。通常，儿童对各种知识的理解都是碎片化的，在观察他们游戏时，我们可以看到他们的思维过程。例如，我们知道，就像凯茜·纳特布朗那优美的描述一样，图式游戏是"思维线索贯穿其中的重复游戏模式"[4]。这些思维线索被逐渐整合在一起，儿童便形成了新的知识，或直到现在还不确定的对生活某方面的新理解。为了使新知识变得可靠，让儿童变得有能力并确信新知识的有效性，他们必须有机会一次又一次地重复这些新知识。这一过程适用于学习科学概念，比如水流的方向，但它同样也适用于理解涉及人际关系的概念，即儿童需要知道他们可以信任谁，谁会真心地、始终如一地爱他们。

作为总在儿童身边并对他们以及他们的发现感兴趣的关键人物，我们的一致性对培养他们成功学习的能力至关重要。我们都曾经历过小孩子在寻求成年人持续不断的关爱时的那种情感测试。一旦得到确证，这一认识会给儿童带来情感上的安全感，他们需要这种安全感以进入未知世界，开展新的学习，新的学习常伴随无法预知的影响和可能的失败。

有许多图式游戏的例子，它们通常看似令人费解，实际上是极为有趣的。然而，如果我们能认识到图式游戏的本质，我们可能会发现为某些儿童提供支持策略更容易。例如，那些总是往盒子里塞东西并把它带回家，或用黑色颜料涂抹自己画作的儿童！从任何意义上来讲，图式游戏都具有积极意义。它的积极意义在于，儿童正在身体力行地实践他们当前痴迷的概念或想法，并且很显然，他们的大脑正在积极地与新的或一知半解的观点进行较

第 3 章 主动学习

图 3.1 儿童正在身体力行地实践他们当前痴迷的概念或想法

量。儿童对当前探索活动的坚持这一事实表明，他们正在形成使其终身受益的思维习惯。这些习惯包括专注、坚持和独立。

我们已经讨论了，在儿童为获取新知识而奋斗的过程中，以及他们为促进理解而自愿参与活动的努力中，心智的某些方面是必不可少的。同时，新的学习还包括儿童享受快乐和实现目标的满足感。

学习目标

此时，思考驱使儿童朝着学习目标前进的动机是明智的。儿童专注于一项具有挑战性的活动并坚持不懈，他们想达到什么目的？儿童能够阅读或唱歌，或准确地踢球，到底是什么激励儿童在没有任何成人强制的情况下，一遍又一遍地反复练习这些复杂的活动？在所有这些技能中，当儿童将他们目前的能力水平与他们开始尝试掌握自己选择的挑战的表现进行对比时，都可以看到其中的进步，并且这种被认可的进步带来了个人的满足感和自信心。唱歌、阅读和球技还会为他们带来其他好处。例如，阅读能解开激动人心的故事的奥秘；唱歌能提供一种和谐的、合作的和令人振奋的感觉；好的球技反映了年幼儿童对身体能力的喜爱。取得成绩的标准由年幼儿童自己确定，并与其过去的水平相比较。来自反复练习和重要人物的鼓励所带来的必然进步，也为儿童提供了继续尝试的动机，深深的满足感带来的回报能让儿童体验到真正的快乐、自我效能感和自豪感。

这类动机被称为内在动机，有其内在基础。"内在"意味着动机来自每个人的内心。这类动机目标关乎儿童自己的成就，对"越努力越进步"的认知源自一种灵活且积极的思维倾向。这些儿童有时被视为具有"掌握取向"。他们将学会享受知识的挑战，

图 3.2　儿童能从身体能力上获得快乐

因为通过专注、坚持和练习,他们会得到积极的结果。他们知道只要付出必要的努力,成功就属于他们。当事情未能按计划发展时,儿童会将其视为通向成功过程中的必要一步,而不是打击自信的失败。

对于这类学习者而言,成人通常用鼓励儿童努力作为奖赏是不必要的，因为这些儿童并不需要那样的奖赏。他们已经知道努力会带来结果，成功的回报足以激励他们前进。他们不需要他人的认可，因为他们会自我激励，不太可能对外部标准或奖励感兴趣。然而，不太自信的学习者却没有同样的思维倾向，他们对自己的努力会显著改变他们想要的结果还缺乏信心。这些儿童更加依赖所谓的外部动机，即他人的认可。他们会依赖他人为其设定目标，并通过他人如何评价自己的成就来衡量自己的成功。他们不太可能意识到成功掌控在自己手中，也不太容易相信练习、专注和坚持会带来他们所想要的回报。换言之，这些儿童认为自己无法掌控自己的进步。

这些态度会一直持续到成年期。我们经常听到有人说"我不会唱歌，我只会在洗澡时唱"。这是多么令人悲哀的反思，一个人在小时候被告知的事情，到成年后，就被当成事实接受了。真正的事实是，我们所有人都有自己的声音。有些人比其他人的声音更悦耳，但是通过练习、有针对性的教学，以及运用我们认为对年幼儿童有价值的同样的思维习惯，我们至少都会拥有可以和其他人一起唱歌的嗓音。许多其他种类的知识亦是如此，艺术、文学和数学或许是其中最为明显的。一旦进入成年期，我们对自己作为学习者的信念就会更加固化。所以，作为儿童早期教育工作者，我们有责任鼓励儿童尝试去抓住他们的兴趣，并提供适当可控的学习内容，以便他们能够经常体验到成功。这反过来会提升儿童的信心，让他们相信自己是掌握型学习者。

要成为一名掌握型学习者，就需要具备前面提到的那些学习维度。思维习惯是成功学习的基本要求。如前所述，蒂克尔在《英国国家早期教育纲要》的评论中将其描述为：

1. 参与其中并保持专注；
2. 不断尝试，反复练习；
3. 享受其中并达成他们设定的目标。

为掌握型学习提供资源

资源是每位儿童早期教育工作者能够自由使用，从而实现自己愿景的工具。这里的愿景是指，带头的幼教工作者拥有的关于其机构如何看待，以及又将如何让儿童能够按照幼教工作者的要求进行学习的信念和理解。将愿景付诸实践，往往比人们想象的要困难得多，因为我们都会经历种种限制，例如空间不足、缺乏有工作经验的员工，或者缺乏资金去购买理想的设备。

然而，通过仔细审视我们的资源并确定哪些因素是最重要的，我们可以取得很多成就。近期的研究表明，训练有素的幼教工作者比任何其他单一因素都更能提高儿童的学习质量。儿童早期教育机构通常缺乏进行外部培训的资金，所以机构的主管必须想办法向新员工解释需要做什么，以便所有在该机构工作的成年人都能理解这样做的原因。这将确保儿童从所有成年人那里得到一致的回应，比如对学习的支持和行为的期待。就资源而言，员工是我们最宝贵的资产，即使是最恪尽职守的早期教育团队领导，也无法单靠一己之力实现他们的愿景。其中最困难也是最必要的一项任务是，主管带领整个成人团队朝着正确的方向前进。

下一个最有价值的资源可能是时间。这一资源应该更容易控制，但确实需要成人团队认识到，深层次的思考、保持专注和反复练习，都需要长久且不间断的时间。前面提到的探索水的流动的儿童，还有那个仔细数蜘蛛有几条腿的小女孩，如果他们不断地被加餐时间或其他成人要求所打断，那么他们便无法完成令其满意的学习。时间表需要反映这样一个前提，如果要鼓励儿童专注于其学习活动，他们就需要知道，只要自己需要，就有足够的时间，或者至少他们的创作会得到保护，这样"整理时间"就不会暗藏着"儿童的努力是暂时的或低价值的"这样的意思。那些深入思考或是努力获得新理解，用积木块或在工作室里搭建杰作的儿童，如果其努力经常被打断或作品被拆除，那么他们将不再想重复做这些活动。

空 间

儿童早期教育工作者分配给游戏学习的空间，也能传递出游戏在他们看来有多大的价值。如果室内游戏区位于一个昏暗的角落里，资源匮乏且成人很少参与，那么那里的游戏注定是失败的。我们需要特别关注游戏空间，给予儿童尽可能多的区域，尤其是那些儿童喜欢投入的想象游戏区。因为高水平的游戏将会调动起儿童的情绪，他们需要在游戏中来回走动，以充分表达游戏的起伏变化。这时户外游戏便显示出独有的优势，儿童可以自由地跑来跑去、捉迷藏或四处攀爬。户外游戏区增加的这些可能性，为儿童提供了更多机会去进行更复杂的思考与想象。事实上，儿童早期教育工作者将会注意到，有些儿童会更深入地投入到户外游戏中，部分原因在于，户外更丰富的环境、更大的空间，为儿童的想象提供了更多的启发和灵感。

日常活动与组织

在制订经过深思熟虑且富有成效的学习计划时，幼教工作者要考虑儿童在游戏区可使用哪些玩教具，需要遵守什么规则，这些都是至关重要的。玩教具要与游戏的目的相匹配，不一定要很贵，但要具有多种用途，而不仅限于某种单一功能。如果儿童应游戏之需，可以把玩偶、积木或用于角色扮演的道具带到户外，那么他们的思维质量将会更高。儿童早期教育工作者将会观察到，如果儿童能自由使用他们所需的道具进行游戏，那么他们的会话会更加丰富；反之，如果没有这样的机会，他们的会话就会相对匮乏。关于保持那些高质量设施整洁的问题可能会出现，因此幼教工作者需要考虑解决这些问题的办法，比如为儿童提供专门的户外玩具和室内玩具，户外玩具可以被带到那些有泥巴或沙子的地方。

常规活动

幼教机构如何组织儿童的一日常规活动，这会对儿童的思维水平产生显著的影响。如果儿童能够组织和管理自己的活动，这不仅能提升他们的自信心，还能把成人解放出来，从而可以自由地与儿童谈论他们正在学习的内容，而不是做一些日常实践中不得不做的低层次的管理工作。例如，如果儿童能够自己选择画纸、穿上自己的围裙、选择自己的颜料、写上自己的名字，并且知道应该把画放到哪里晾干，那么成人就可以自由地与儿童探讨绘画的内容，并鼓励儿童谈论和反思他们正在创作的作品。相比成人与儿童匆忙地讨论如何穿围裙或在哪里能找到铅笔,这显然有利于创设一种更丰富的学习环境。这种看似微小的侧重点的改变,其实会在儿童的思维过程中产生巨大的回报,因为儿童知道成人对他们所了解的、所感受到的以及所思考的内容感兴趣。一般来说,学校会更侧重那些管理问题,而不是这些引发学生思考的问题。长此以往,会扼杀儿童培养积极思维习惯和深入思考自己正在做什么的动机。

甚至连桌椅的摆放位置也会影响游戏区的使用。如果只有一处资源匮乏的空场地,儿童就会毫无目的地绕着场地来回跑。但是,如果在配有使用建议(例如关于装扮游戏的服装或一堆积木的用法)的较大空间与较小的封闭区域(例如将进入其中的儿童包围起来)之间保持平衡,那么就会提供更多的可能性来鼓励儿童进行不同类型的游戏。儿童需要这样的游戏区,在那里,他们或畅所欲言或深思熟虑、或独处或共处、或安静或吵闹、或不断尝试探索或感受自己的能力……

要支持幼儿的主动学习,以下两点非常重要:首先,儿童早期教育工作者要对这一理论充满信心,即主动学习是儿童最成功的学习方式;其次,在工作中积极地践行这一理解。

在本章中,我们探讨了儿童的身心都需要积极地调动起来并投入学习中,并且想出了一系列方法在儿童早期教育机构中实现这一点。我们将会发现，通过理论和实践的紧密结合，我们将培养出玛格丽特·卡尔所说的"准备好的、有意愿的、有能力的"儿童。

第 2 章集中讨论了儿童的准备状态；本章探讨的是儿童的意愿；第 4 章将会探讨儿童的能力。

挑战和困境

- 你将如何为儿童提供经验，使他们能够深入思考自己正在学习的内容？
- 认真思考那些支持儿童努力去获得理解的互动和日常活动。
- 为儿童提供重复练习的机会，以及实践他们习得的新知识的机会，这样他们就不至于因学得太快而导致对新知识掌握不牢。

参考文献

1. D. Cohen. *The Learning Child*. Random House, 1972.
2. F. Leavers. *The Project Experiential Education*. Leuven: Katholieke Universiteit, 1999.

3. M. Carr. Being a Learner: Five Learning Dispositions for Early Childhood. *Early Childhood Practice,* 1999, 1(1), pp.81-99.
4. C. Nutbrown. *Threads of Thinking Young Children Learning and the Role of Education*. London: Sage, 2006.

无论长到多大,
你都可以热爱童话,
还有英雄和魔法。

第 4 章

创造性和批判性思维

若要成为一名具有创造力和批判性的思考者,儿童所处的环境要能够培养其理解基本概念的能力。

> 要成为一个有创造性的人，儿童不仅需要机会，而且还需要有作选择的技能和能力。
>
> ——克里斯蒂安·席勒[1]

在前几章中，我们将重点放在了一些基础工作上，如果儿童要具备高阶思维能力，这些基础工作需要就位。例如，我们已经思考了"游戏"在帮助儿童主动和独立探索其所处世界时的重要作用。我们考察了"情感安全"的概念，并探讨了它在使儿童有足够的安全感从而自信地体验和尝试周围事物方面所起的重要作用。我们认为，"独立"与"自主"是儿童自尊的基石，有助于他们觉得自己的个人观点和选择受到尊重和重视。在本章中，我们假设这些基础工作仍在进行中，儿童的学习环境能够激发其全身心的投入。然而，克里斯蒂安·席勒的话提醒我们，接下来我们还要赋予儿童做选择的技能和能力，进而使其为自己的选择负责。对于一个年幼的孩子而言，要能够作出可能会影响自己和他人的有目的的选择，他／她需要对这个世界的运作有更深刻的理解，并能够运用一系列智力技能和实践技能。

本章伊始，我们将尝试提供一些与高阶思维和创造力相关的术语的工作定义。随后，我们将就如何在儿童早期教育机构中践行这些概念和思想提出一些建议。

理解与知识

要成为一名具有创造力和批判性的思考者，儿童所处的环境要能够培养其理解基本概念的能力。正如第 3 章所描述的，儿童学习"水流方向"，或逐渐搞清楚自己与关键人物之间关系的性质，这种学习可以被视为"理解"。理解提供了一种深层次的确定性，并且与学校通常所传授的"知识"存在很大差异。知识通常被认为是一门学科，它能给予我们一些有用的信息，例如某次战役的日期。这是一种历史信息，当需要这类知识时，我们可以回忆并应用它，但它与深层次的理解是不一样的。理解历史概念可能是一种对过去（如昨天）或未来（如明天）日益增长的意识。概念可以是一个很容易验证的科学概念，例如重力，我们都知道，如果一件珍贵的陶器坠落在地将会发生什么；或者是一个复杂的概念，例如我们与母亲或照护者的关系。后一种概念往往是不可预测的，因为我们关于"母性"的概念会受个人经历的影响，较为不确定；而科学概念往往是可预测的，具有普遍性。为了能够批判性地思考复杂的问题，儿童需要将他们的新想法建立在确

图 4.1　有能力作出选择

定的和清晰的理解之上。由于知识未必是以理解为基础的，而且也很容易遗忘，所以它不能作为建构未来学习的有用基础。

象征与表征

通常从 2 岁开始，儿童就具备了用一个物品代表其他物品的能力。也就是在此时，父母或照护者可能会看见孩子把汤匙推到洋娃娃嘴边；这是一个明确的信号，表明这个孩子已经掌握了洋娃娃代表婴儿、自己代表父母的概念。这在儿童的发展过程中是一个极具重要意义的时刻，因为从这一刻开始，他们就能想象自己创造的世界。他们不再受"是什么"的约束，从而可以进入一个"如果……将会……"的世界。我们可以看到，一个学步儿挥手说"再见"，如果这发生在某个恰当的时刻，即当人们离开的时候，可以说这表明了儿童对"挥手"这种象征符号代表"再见"有了一定的理解。通过角色扮演游戏、绘画、书写或数字符号，儿童使用符号表征其经验的能力日益增长，这使得儿童逐渐理解，不仅周围的事物是可以学习和游戏的，观念和想法也是可以学习和游戏的。

围绕观念和经验进行游戏是儿童实践其所学知识的重要方式。例如，在开始掌握字母作为交流符号的概念后，年幼儿童需要找到可以实践他们所学知识的场景,并定期练习以验证其有效性。游戏是实现这一目标的最好方式。举个例子,在法国度假期间,我们非常喜欢一家由一对年轻夫妻经营的咖啡馆。我们用餐结束时,咖啡馆老板递给我们账单,紧随其后,她5岁的女儿也递给我们一份"账单",是她用萌芽期的法语知识认真手写的,很漂亮!她找到了一个完美的游戏场景,在这个场景中,她可以实践自己对书写目的以及成为一名服务员这种想法的理解。她把这些技能和想法融入真实的生活场景中,使得这个过程对她来说更有意义。因为这是在法国,所以这个游戏对于所有的顾客而言是完全可以接受的,他们热情地称赞这个小服务员的书写技能。

心理理论与元认知

琢磨着别人是怎么想的、揣摩着他人的信念和感受,"思量着如何去思考",这种事情和能力无疑是智力的一个方面。尽管我们可以对其进行认知上的解释,但实际上,它对成长中的儿童还具有情绪和社会意义。朱迪·邓恩的研究表明,儿童通常会在对他们非常重要的事情上,表现出最具逻辑性的推理能力。[2]

请考虑以下情景:4岁的苏茜经常在夜里醒来,这让她的父母和2岁的弟弟也睡不好觉。在确信苏茜的失眠没有根本的病因后，她的母亲把一张星星奖励表贴在了厨房的墙上，试图用这种方法来改变苏茜夜里醒来的习惯。母亲对苏茜解释说，如果她夜间睡觉时不醒来，就会得到一颗星星，贴在她的奖励表上。当奖励表被贴满后，她就能得到一个奖励，比如她最喜欢的巧克力棒。这个约定本身就给苏茜带来了一些困扰。和所有的习惯一样，睡眠模式是很难改变的。有人可能还会问，一个人，尤其是一个年幼的儿童，实际上能有多大的控制力？可想而知，苏茜收集星星贴图的速度很慢，好不容易集到还差一个就齐了。可是近来有些夜晚她还是会醒来，似乎没有机会赢得最后一颗难得的星星。一天上午，母亲带着苏茜去逛超市，那里有苏茜最喜欢的巧克力棒。猛然间，苏茜想出了一个巧妙的办法，并向母亲提议，如果她在购物过程中表现很好，她应该可以得到最后一颗星星。因为她们就在超市里，苏茜会立刻得到她想要的巧克力棒！

这的确是一个相当可观的认知壮举。苏茜和她的母亲有着截然不同的目标，致使这张星星奖励表成为两人博弈的对象。苏茜的目标是巧克力棒，而母亲的目标则是不受打扰的夜晚。这就造成了苏茜的困惑，苏茜一直试图通过谈判，达成一个符合她的而不是母亲的终极目标的结果。她试图用一种好行为（在超市里保持安静）来代替另一种好行为（睡整宿觉），这对她来说是一个很有吸引力的选择。因为首先，它更容易实现；其次，它能带来立竿见影的效果。苏茜需要对母亲的心理活动有深刻的洞察，形成她对母亲在这件事情上的"心理理论"，并据此判断这个计划是否有合理的成功机会。她必须预测可能的结果，这是一种高级的认知功能；同时，当母亲意识到她可能有被计谋智取的危险并拒绝谈判时，苏茜也需要使用一些情感策略，诸如恳求，也被称为"纠缠力"。有趣的是，人们一般认为，有兄弟姐妹的儿童更能理解一群有着不同个性和想法的人之间互动的含义。大卫·伍德将这些儿童描述为"沉浸在活生生的肥皂剧中，因为他们无意中听到、看到并了解了人类谈判的本质"[3]。

当然，并非所有这些心理游戏都是消极的。许多非常年幼的儿童会利用他们理解朋友的想法和感受的能力，进而对他人产生同理心，并且会安慰、陪伴和支持更脆弱的同伴。

这就是游戏的有用之处。在他们充满想象力的游戏中，儿童穿上道具服饰，扮演各种各样的角色，例如孤独的巨人或邪恶的继母。因此，他们不仅有机会体验这些角色的情感，还有机会思考他们的思维是如何运作的。在超市里，苏茜试图与母亲谈判之前，她很可能练习了（如果没有进行角色扮演，但至少在脑海中演练过）与母亲的对话，包括母亲可能的反应。具有洞察力、灵活性和谈判能力的头脑有助于儿童形成他们自己的独特想法，并帮助他们意识到可以在自己理解的基础上进行选择。这就是"元认知"的意义，它让儿童理解如何控制和引导自己的想法。

元认知与心理理论的观点密切相关。理解他人的思维如何运转的前提是，儿童须完全有能力组织自己的思维。例如，备受推崇的"计划—行动—反思"体系，就是为了鼓励儿童深思熟虑地计划他们的活动，并在活动结束后进行反思而构建的[4]。提前思考做某事的最佳方法，并能够在之后评估计划执行得是否成功，这会使个体养成一种思维习惯，即不鼓励无计划的方法，而是支持更有组织的方法，这种方法可能会带来更大的成功。

自我调节是元认知发展过程中的一部分

自我调节具有多种含义，通常是指儿童控制自己的情感从而控制自己行为的能力。然而，在本书中，我们关注的是儿童的自我调节能力是如何对其智力或认知能力产生重要影响的。人们认为，就儿童的认知发展而言，自我调节有助于儿童理解他们接收到的信息，并能预测接下来会发生什么，以及找到解决问题的方法。套用本章开头的克里斯蒂安·席勒的引言，"要成为一个有创造性的人，儿童不仅需要机会，而且还需要有作选择的技能和能力"。儿童有能力作出选择，这一观念常常让一些儿童早期教育工作者感到不舒服，他们认为在任何时候他们都必须掌控儿童。

我们想知道，这么小的儿童如何能作出恰当的选择呢？如果他们的选择失败了，这重要吗？难道老师的职责不是提供正确的答案，防止儿童犯可能导致对知识误解的错误吗？这些问题都是有趣的两难困境，也正是我们这个行业面临的核心问题。对这些问题的回答，引发了我们对两种环境之间差异的理解，一种是儿童被教导、纠正、控制的环境，另一种是鼓励不确定性、创造力蓬勃发展的环境。儿童需要习得一些基本的认知技能才能作出选择，而这些技能可以通过非常传统的方式来教授。接下来，我们将考虑成为一名富有创造性和批判性的思考者所需要的一些基本技能。

模 仿

年幼儿童的大多数学习源于模仿周围人的行为。从严格意义上讲，虽然模仿不是一种技能，但它却存在于所有儿童身上，也是一种我们可以鼓励和培养的过程。这一过程将使儿童获得意义，他们可以根据自身目的去探索和改变这些意义。年幼儿童会尝试复制照护者的行为——通常发生在一段时间后，这表明记忆正在辅助学习。事实上，我们所认为的模仿并非是简单的直接复制。儿童要模仿一个动作，他 / 她必须首先准确地观察该动作，然后在大脑中重建这个动作。但是，在重建该动作的过程中，儿童对其进行了转换并拥有了它，这样它就变成了儿童自己所观察到的版本。儿童早期教育工作者通常会注意到儿童在高质量的角色扮演游戏中所投入的浓厚情感。例如，想象一下，在听了《杰克和魔豆》的故事后，一群孩子表演了其中一个场景。在他们的游戏中，孩子们体验到了巨大植物的快速生长所带来的真正的惊奇感，以及一想到要爬上植物就会产生的期待和焦虑。随后是对遇到巨人的担忧，从巨人那里偷东西的道德困境，以及逃离巨人城堡时的恐惧。因此，参与游戏的儿童很难被认为是在假装，因为游戏是如此真实，儿童又是如此投入。从认知上讲，这些儿童在进行高水平的认知活动，因为他们从自己的游戏经历中创造了自己的理解。这不是"假装"，而是"真实的存在"，这是一个使儿童对复杂的情感概念和事实概念进行重要尝试的过程，从而引导出一种能力：有信心理解这些抽象的概念和思想。

记　忆

婴儿和学步儿在很早的时候便产生了记忆。如果他们的生活是可预测的，他们将会记住照护者昨天唱的那首歌，或者在他们的"宝物篮"里找到能发出叮当声的玩具。这些愉快的经历构建了一个记忆库，这些记忆为儿童提供了稳定感并形成了一个平台，儿童在该平台上扩展了他们对世界的理解。一旦记忆被储存，它就能被回忆。在儿童发展的后期阶段，记忆可以被改变以创造出新东西。例如，想想这样一种情景，孩子反复要求听同一故事，成人一遍又一遍地重复，直到读得想吐还不罢休！从发展的角度来说，这是儿童需要经历的一个强有力的过程，通过这种方式，故事的复杂性、人物的特征、语言的声音才能被稳定地保留在儿童的记忆中。随后，儿童便可以使用这个知识库并对知识进行创新。或许，这个孩子会用低沉的声音表演《咕噜牛》故事的主体部分，并记住押韵内容的轻快节奏。这就是我们前面讨论过的表征。之后，他将能够使用自己的知识改变故事，改编成自己的版本。这便是创造性的萌芽。许多我们耳熟能详的儿童故事都出版了不同的版本，可能最有名的便是《三只小猪》了。《三只小狼和大坏猪》[5]就是这样的一个变体，它以儿童对原始故事的熟悉程度为基础，向他展示了一个不同的版本。一旦儿童理解了如何改变原始故事，他们就会很开心地创造自己的童话版本，例如《杰克和魔豆》《巨大的萝卜》等。之后，自信的儿童会喜欢像《反叛的童谣》这样的书，这些书将同样的理念运用到诗歌中，他们会复制这一规则，从而进行自己的创作。

记忆包含了儿童生活的方方面面，当然，并不局限于对语言如何起作用的理解。儿童将会形成关于他们与照护者之间关系的工作记忆，如果要开始进行这些创造性的实验（有些成功，有些不太成功），他们需要确信照护者对他们的爱、关心和鼓励是始终如一、永远不变的。

注　意

儿童对其所处世界有天生的好奇心，这是幼教工作者帮助儿童成为有效学习者所需工具中最为有效的一种。在第3章中我们曾提到，一个女孩注意到一只蜘蛛有八条腿，随后她坚持观察发现的每一只蜘蛛，以验证她的这一新发现。这是一种科学的技能，一种在儿童早期教育机构中很容易促进的技能。这让我们又回到这样一个论断：允许一种活动存在不止一种结果、鼓励不确定性、鼓励灵活思考，在这样的环境中，儿童的创造力将会得到茁壮发展。对于儿童来说，要发展他们的注意技能，其周围必须有足够有趣的东西来引起他们的注意。举个例子，想一下户外区域，我最近看到一些有柔软地面和全天候草坪的安全场所。这里有带轮子的玩具，配有软球的球拍，有一个沙盘和一些可以用来嬉戏的水，但是不允许孩子们将它们混在一起，因为担心这样会把环境弄得一团糟。如果天气风和日丽，这里还会有一块地毯和一些并不那么贵的书，再加上一些粉笔以及一些小世界游戏的玩偶人、汽车和一个路垫。我想知道，这里有什么东西值得注意的呢？尽管环境中似乎没有什么可以威胁到儿童的健康和安全，但也没有什么可以挑战儿童的智力，没有什么东西能够激发儿童的创造潜力。

丰富的户外环境要包括有可以挖掘的地方、搭建营地和铺小径的场所、可以攀爬的设施，还要有可供研究的野生动植物。正

图 4.2 环境中必须包含能激发批判性和创造性思维的元素

是这种丰富的环境，鼓励 2 岁的孩子在冬天里好奇地发问："为什么树是光秃秃的？"会使得 6 岁的儿童惊奇地注意到，自己的影子在一天中的不同时间会出现在不同的地方。环境中的每个区域必须包含值得注意且能激发批判性和创造性思维的元素。正如《英国国家早期教育纲要》的实践指导所指出的那样，"创造性涉及所有课程，而不仅仅是艺术"[6]。

讨　论

讨论是一种双向的会话，发生在有兴趣且富有爱心的儿童早期教育照护者与其所照护的儿童之间。在那种强调指导、纠正和控制的非支持性学习环境中，我们会发现，儿童早期教育工作者提出直接的和封闭的问题，而儿童则尝试回答这些问题。任何关于儿童发展的研究都会告诉我们，这并不是儿童学习新知识的方式。正确的方式是，儿童通过向照护者提问来学习，而照护者准备好回答他们的问题。我们需要问儿童的大都是一些常规问题，通常是填写一张评估表格，其目的也不是进一步扩展儿童的理解。支持儿童成为批判性和创造性思考者的，恰是那种被称为"持续共享思维"[7]的平等双向会话。这种开放式的会话，鼓励儿童更进一步地发展诸如提问、预测和推理这样的认知技能。已有很多的文章论述了下面这些方式的价值，比如开放式的讨论、灵活使用设备，以及儿童需要较长的时间来发展复杂的认知技能，比如观察、推理和问题解决等。然而，在当今快节奏的环境中，人们必须在尽可能短的时间内完成很多事情，许多好的意愿常常牺牲在权宜之计的祭坛上。传授知识显然比传授有效学习的技能更快；与这些模糊的概念——高度专注、高水平自尊、具有自我调节和批判性思维的能力——相比，信息的传授要容易得多。然而，有趣的是，就在写这部分内容之际，英国政府特别委员会刚刚发布了一份有关社会流动性的报告，建议早教课程强调自我控制和延迟满足等因素。英国议会委员会成员弗兰克·费尔德长期致力于改善最贫困儿童的生活环境，他说过这样一句话："我们在儿童5岁之后所做的一切都只是挽救性工作。"显然，我们越早开始帮助儿童成为富有创造力、独立性和批判性的思考者，就会越有效地拓展他们的生活机会。

成人的作用

有效学习的特征是儿童过上充实、自主的生活不可或缺的。对于那些决心让儿童形成有效学习特征的儿童早期教育工作者，唯一的逻辑起点是对其所负责的实践类型有很好的理解、坚定的信心。在这一阶段，儿童早期教育工作者要清楚地认识到：短期内，这并不是一个容易的选择。认识到这一点对从业者很有帮助。从业者必须解决我们之前提到的几类问题。其中一个需要回答的问题是："我如何平衡儿童和成人对环境的控制，以让儿童有足够的时间和资源，进行深度、独立和个性化的学习？"另一个关键问题是："我是否认为学习的过程比最终结果更重要？我如何切实地为儿童提供他们发展元认知技能所需的策略？"通过接受一些基于儿童发展理论的技能性和针对性培训，新手从业者完全有可能将他们的日常教学建立在良好实践的正确原则之上。无论从身体上还是情绪上来看，这样的机构都将是一种有利的环境，在这里，儿童是最重要的人，他们的幸福可得到保障，身心可得到滋养；在这里，犯错也是学习过程中的一部分，而且是很有价值的一部分；有许多有趣的事情去做、去思考；时间可以被延长，以便儿童能够完成创作。那些有幸进入该机构的儿童，会像成人员工一样，感受到归属感，感到自己有价值和受人尊重。尽管常规活动和照护者保持不变，但有时也会发生不可预测的事情，意外也会时常发生。不确定性作为一种挑战会受到欢迎，成人会与儿童讨论和协商，而不是直接发号施令。约定的规则包含了消极行为并对其保持敏感性，处理这类事件的制度源于试图理解其原因而非掌控它。有一种观点认为，"从当事人的角度来看，不合理的行为总是合理的"⁸。机构所在的社区是整体不可分割的一部分。家长被视为儿童的第一任教师，也是终身的教师，照护者可以要求他们分享对自己孩子更加深入的认识，并虚心向他们学习。在这里，家庭文化、习惯、价值观和信仰均受到尊重和认可。

总而言之，上述"快照式"的介绍，虽不能详尽地描述支持儿童发展元认知和创造性技能的环境，但也许为我们提供了一些出发点。任何在这条道路上走过的儿童早期教育工作者都知道，年幼儿童自信和生活技能的健康发展，就是给予他们最好的回报、巨大的喜悦。

挑战和困境

- 你的员工知道概念和能力之间的区别吗？比如对"重力"或"母性"等这样重要概念的深度理解；比如获得诸如跳跃、阅读或歌唱等新的技能。一般来说，能力是一种看得见的动作。概念和能力两者都很重要，但又非常不同。
- 为儿童提供富有想象力的游戏体验，这样可以增加他们对一重要认知功能——象征和符号化——的接触和理解。

参考文献

1. In C. G. Beale (ed.). *Christian Schiller in His Own Words*. A. C. Black, 1979.
2. J. Dunn. Children's Relationships: Bridging the Divide between Cognitive and Social Development. The Emmanuel Miller Memorial Lecture 1995. *Journal of Child Psychology and Psychiatry*, 1995(37).
3. D. Wood. *How Children Think and Learn*. Oxford: Blackwell, 1998.
4. L. J. Schweinhart. The High/Scope Preschool Curriculum Comparison Study through Age 23. *Early Childhood Research Quarterly*, 1997(12).
5. H. Oxenbury. *The Three Little Wolves and the Big Bad Pig*. Egmont, 1993.
6. DfES. EYFS card 4.3, 2007.
7. K. Sylva, E. Melhuish, P. Sammons, I. Siraj-Blatchford and B. Taggart. *The Effective Provision of Pre-School Education*. DfES, 2004.
8. R. Roberts. *Self-esteem and Early Learning*. London: Hodder and Stoughton, 1995.

第 5 章

观察和评估儿童的进步

儿童早期教育工作者观察和记录儿童发展的主要目的是,确保自己的言行对每个儿童都是最有利的。

> 要了解儿童现在所处的阶段、已经达到的阶段,以及未来将会如何发展,观察儿童是简单且最佳的方式。
>
> ——玛丽·简·德拉蒙德[1]

本章将探讨《英国国家早期教育纲要》中关于"观察、倾听和记录"儿童成就的要求。但是,除了评估儿童学到了什么,《英国国家早期教育纲要》还建议要记录和鼓励儿童的学习技能和态度。这与本丛书考察学习特征的目的是一致的,也与《英国国家早期教育纲要》档案的补充文件相联系,它要求儿童早期教育工作者评估这些特征。换言之,就是评估儿童的学习方式或学习策略,同时也要评估他们习得的知识或他们的学习内容。本章将概述儿童早期教育工作者如何反思自己用于鼓励儿童积极参与、激发学习动机和发挥创造性的教学方法，反思他们开展观察实践并将这些观察纳入计划的有效方式。在第 8 章中，在思考如何构建组织和常规活动以支持儿童的认知发展时，我们会对计划进行更加深入的探讨。

当前，《英国国家早期教育纲要》将观察、计划和评估归在名为"有利的环境"部分。这种定位表明，日常的观察、计划和评估主要是为了学习者的利益，该过程能够促进和支持儿童的进步。这一声明奠定了本章的基础，并强调了这样一种观点，即观察和记录儿童发展的主要目的旨在确保我们的言行对每个儿童都是最有利的。所以，我们将依次探讨各个主要组成部分。

观　察

观察（observation）是优质的早期教育实践的核心。实际上，观察包含观看（watching）和注意（noticing）。注意的本质与本书第 4 章讨论如何发展儿童的创造性思维和批判性思维的技能时提到的注意相似。通过对那些有代表性的儿童进行仔细地观察，我们可以单独了解他们，开始留意对于他们的发展和学习而言什么是重要的。我们不仅能注意到他们的成就和困难，还能注意到

图 5.1　记录儿童取得的成就、遇到的困难及学习的意图

他们的意图、关系、偏好以及他们的学习模式和行为模式。

不同类型的观察被用于不同的目的,最常用的两种观察是参与观察和非参与观察。参与观察指儿童早期教育工作者要参与到被观察的儿童个体或群体活动中;非参与观察是指儿童早期教育工作者站在旁边,详细记录他们看到的和注意到的一切。我们可以追踪儿童,看看他们经常去哪些活动区,密切观察他们,以获取有关他们学习水平和学习风格的信息。无论使用哪种类型的观察，它都必须是精确、无偏见且重点突出的。只有这样，观察才能成为一种有效的工具，可以用来有效地计划儿童进一步的学习和发展。这些行之有效的观察是儿童早期教育工作者拥有的很有价值的工具之一，因为它们提供的是证据而非推测。作为一名儿童早期教育工作者，当你所教的儿童即将转入下一个班时，该班的老师常常会来拜访你。随着关于某个儿童预期行为问题的评论被公之于众，会产生很多主观猜测。这意味着，专业人员的推测可能会影响一个儿童学习和发展的机会。但是，一份重点突出且精确的观察记录，确实能够凸显儿童所有的具体困难和优势，为制订促进儿童进步的计划提供有用的信息。

举个例子。大卫快 5 岁了，他即将升入一所大型小学的学前班。他的哥哥克里斯多夫思维敏捷，性格外向，很受欢迎。克里斯多夫能吸引班里的其他孩子追随他，他负责班里的小组学习，是个天生的领导者。学前班的老师很高兴大卫即将成为她班里的学生，因为像克里斯多夫这样的学生经常能为其他孩子树立积极的榜样。可是，大卫已经在幼儿园待了五个学期了，他一直不和其他孩子说话，经常一个人待着，也没有表现出想交朋友的迹象。他不回避其他孩子，会在他们旁边玩，但即使在安定和自信的环境中，他也不会选择一个同伴或参加某个集体活动。幼儿园的老师们担心大卫是受哥哥的影响而蒙上了阴影，他的胆怯会阻止他获得可能需要的帮助和资源，从而妨碍他的进步。

老师们对大卫进行了详细的观察，追踪了他在学前班一学年的情况，并记录了他所有的活动和对话。让老师们惊讶的是，这些观察显示，大卫表现得非常好。目前的一个观察活动是根据故事《猫头鹰宝宝》改编的，这吸引了他对好故事的喜爱，他在手工区花了一个多小时的时间，用纸板卷、羽毛、纸、胶水、剪刀和绳子制作了一只猫头鹰。在整个过程中，他没有和任何人说话，但观察显示，这是因为他能够胜任他给自己设定的任务，不需要别人的帮助。他剪断绳子，打一个结，系在做好的羽毛翅膀上。当他满意地完成后，他将自己的作品拿给老师，并低声告诉她："这是一只暮色中的猫头鹰。"然后，他还演示了如何成功地让翅膀上下拍打，使猫头鹰看起来像是在飞行。他对自己使用的所有工具都表现得很自信，并清楚地知道制作一只让自己满意的猫头鹰需要经历的操作流程，而他在整个过程中都表现得十分安静，主要是因为他的精神高度集中。在随后的讨论中，老师们显然低估了大卫的能力，他们从观察中获得的新信息有助于他们策划一些适合大卫的活动，这些活动既可以扩大大卫的兴趣，对他形成挑战，同时也尊重了他安静的个性。到他离开学前班的时候，他能自信地与老师交谈，偶尔也会和另一个同伴交谈，即使仍旧轻声细语，他已经拥有了更好的沟通技能。他的下一任老师知道对他应该抱有怎样的期望，并据此为这个安静而又有所收获的男孩制订相应的计划。

倾 听

在收集有关儿童发展的信息时，倾听有时被称为"注视并理解"，有时又被称为"积极的倾听"，在描述提供信息的特殊类型的倾听时，这两个短语对我们都是有帮助的。以上文介绍的制作猫头鹰的男孩大卫为例。当他把做好的猫头鹰给老师看时，这个人可能会作出两种回应，而这两种回应都可以被称为"倾听"。一种可能的回应是："大卫，它太可爱了，你去把它放到那边的架子上。"这是一种认可，但不免有点轻蔑，其中隐藏的信息是：成人需要用最少的时间和精力将这个作品分配到恰当的位置。另一种可能的回应是："你的猫头鹰飞起来时真漂亮，你是怎么把翅膀粘得这么结实的？"这种回应可称为积极的倾听，因为它不仅是一种真诚且热情的回应，而且还是积极的，因为它提出了一个后续问题，这个问题实现了三个重要功能。第一，成人真实的喜悦被表达出来，大卫的自尊也随之提升。第二，老师试图用温和的方式引导大卫，拓展他的沟通技能。第三，老师仔细地选择她的问题，以便大卫能够回答出她的问题。这类"先做的是什么"

和"你接下来又会怎么做"的问题是开放式问答,它们可以促进儿童反思,提高儿童的记忆。

　　这种类型的对话有助于大卫"表征"他制作猫头鹰的经历。在第4章中,我们讨论了表征的认知功能,以及它在将观点和知识牢固地植入大脑时的价值。在对话中,老师温和地鼓励大卫再现他的创作经历,如果他的老师判断这样做是适宜的,她可能会继续问:"那你的猫头鹰要飞到哪里去呢?"这将会给大卫提供拓展其思维的机会,使其进入想象王国和技术领域。该过程会使大卫的思维提升到更高的水平,并挑战他的智力,同时让他维持在一种安全的情绪环境中。在《第一手经验:对儿童来说什么是重要的》[2]一书中,作者解释说,汉语中"听"的繁体字"聽",其符号表征是由四个不同的汉字组成的,分别是耳、目、脑和心,它们均与听的功能有关,所有这些都清晰地包含在大卫和他的老师关于"飞行的猫头鹰"的对话之中。

　　该书的作者还提出了一系列重要的倾听方法,例如:

- 慢慢来;
- 回答问题的同时也提出问题;
- 倾听你自己提出的问题;
- 倾听每个人的想法;

- 倾听他人表达的意思；
- 倾听争议和讨论；
- 倾听抱怨；
- 敞开心扉倾听。

在其著作《倾听4岁孩子的心声》³中，雅基·卡曾斯用一整本书的篇幅，详细讲述了在各种环境中"敞开心扉"地倾听年幼儿童的故事。她生动地描写了儿童对学校生活中最好的和最坏的经历的强烈感受。在学校生活中，儿童最不喜欢的一个方面就是快节奏的生活，一切似乎都在匆忙地进行，这与许多儿童在家中的经历如出一辙。这提醒我们，有价值的倾听意味着要"慢慢来"。

有价值的倾听对儿童认知发展的以下方面至关重要。

- 有价值的倾听需要时间，这一观点是对提升儿童认知水平的重要理解，因为深思熟虑的活动和深度的对话不可能在眨眼间就完成。它们需要时间去培养、逐步发展并最终成熟。
- 有价值的倾听为儿童早期教育工作者提供了与儿童进行"持续共享思维"的机会，这是推动他们的思维向前发展的关键。这种开放式的思考和对话方式，不仅有助于儿童早期教育工作者了解儿童知道些什么，而且有助于他们了解儿童探究事物的策略。例如，儿童早期教育工作者可以得到关于儿童是否注意、坚持和集中精力的证据。凯西·席尔瓦认为，这些类型的学前经历"启动了学习取向的良性循环"[4]。她继续指出，这种"良性循环"将使儿童入学时处于有利地位。换言之，这类实践有助于儿童发展积极的学习倾向，并将可使他们成为有效学习者所需的个性特征聚合起来（我们将在第9章思考"入学准备"时进一步讨论这一观点）。

- 有价值的倾听还能使成人确保儿童深入学习课程。贝尔纳黛特·达菲曾写道："我们需要意识到确保儿童能加深理解的重要性。"[5]有时，在努力为儿童提供一套广泛而均衡的学习经验时，我们可能忘记了，正如埃万杰洛等人提醒我们的，"有效学习"被认为是这样一种学习：它让儿童深入参与其中，并在儿童理解的边缘水平上维持他们的学习兴趣，从而激励他们进一步深入学习。"重要的是聚焦深度，而非广度"。[6]对儿童之间的交流进行有价值的倾听，有助于我们将儿童的思维推向下一个发展阶段，因为通过倾听，我们能够更好地理解儿童的意图和他们想要表达的意思。

- 总之，儿童的想法、观点和感受一直都很重要，只有倾听儿童，我们才能发现它们是什么。修订后的《英国国家早期教育纲要》指出，为了从儿童身上获得最有效的信息，儿童早期教育工作者应该通过"树立榜样、作出示范和提出问题"[7]等方式与儿童互动。我建议在这个列表上增加一项,即"倾听"。

记 录

记录或标注我们发现的儿童进步并不是一项孤立的活动,我们常会犯的一个最糟糕的错误是:记录了一大堆儿童的情况,然后将它们装进档案袋、束之高阁,再也不去查看。

无论如何,记录,或者给它一种更正式的名称,即评估,必须遵循观察、分析、计划和反思的循环。要做到这一点,有几种方法,其中最著名的是新西兰的"4D评估"体系。

> 首先是描述(Describing),描述我们的所见所闻;然后是讨论(Discussing),与成人团队一起对描述的结果进行讨论;接下来整理(Documenting)或记录讨论的内容;最后是决定(Deciding)或计划,即根据获得的信息,决定应该在早教机构中为儿童提供什么。

《英国国家早期教育纲要》第3.1条明确指出,任何计划用于基础教育阶段教育机构的内容都应遵循相同的模式。它指出,

"观察、分析并运用你发现的关于你所教儿童的信息,以便为儿童下一步的学习制订计划"。这与玛丽·简·德拉蒙德的观点相似,她认为评估是"在日常教育实践中,我们观察儿童的学习,并努力理解它,然后将我们的理解很好地利用起来的一种方式"[8]。这些听起来足够合理和直接明了,但是,当我对儿童早期教育工作者进行培训时,评估的实用性所带来的焦虑远超过实践的其他方面。

早教工作者的主要抱怨是评估工作太过繁重,并且一些地方当局要求提供统计数据,用于将分数汇总后提交给政府部门,以便评估整个国家的现状和实现改进目标。很明显,这类评估旨在评估早教工作者提供服务的质量,而早教工作者却试图评估儿童的进步。这是两种完全不同的目标,两者都各有其目的;但在我看来,它们却是混淆在了一起。在对《英国国家早期教育纲要》的评论中,蒂克尔爵士反思了儿童早期教育工作者的焦虑,她指出,"许多人跟我谈及了他们感到的压力,是由日常文字工作、审核和检查过程带来的"。在其评论的 3.4 部分,她只讨论了评估的不同目的这一个问题,承认了国家对教育实践质量问责的需要与早教工作者减少文字工作和上级检查的需要之间的两难困境。她希望通过将儿童早期学习目标的数量从原来的 69 个减少到 17 个来解决这一问题。

我的建议可能更激进：除了用于评估儿童进步情况的标准，还应有一套额外的标准来检验早教工作者所提供教育的质量。对教育质量进行评估是完全正确的，但我认为，儿童早期教育的质量更多地与早教工作者的资格水平等问题有关，尤其是他们对儿童发展的理解，而不是儿童是否实现了早期学习目标。此外，早教机构与家长和照护者的关系，以及机构对儿童发展各方面的强调，例如幸福、身体健康和自主性，也为评估机构开展的教育实践的质量提供了更清晰的指标。值得注意的是，在优先考虑这些方面的机构中的儿童，更可能在实现早期学习目标方面取得进展。

有关评估的一些法规如下：

- 儿童早期教育工作者应系统地观察和评估每个儿童的成就、兴趣和学习风格。
- 儿童早期教育工作者应该运用观察和评估来确定学习的先后顺序，并为每个儿童设计能激发其积极性的有意义体验。
- 儿童早期教育工作者应将观察与儿童早期学习目标匹配起来。
- 在基础教育阶段的最后一年，每个儿童都将接受《英国国家早期教育纲要》文件中 13 个量表的评估。这些判断应该基于对一贯的独立行为的观察，主要是儿童的自发活动。[9]

前文中的楷体字强调了评估过程的"能动"方面：评估应根据对参与游戏的儿童的观察来进行。在为儿童制订进步计划（即形成性评估）时，或在基础教育阶段最后一年使用《英国国家早期教育纲要》文件中的量表进行评估（即总结性评估）时，儿童早期教育工作者并未被要求作出数字化评估。大部分家长更偏爱文字描述的儿童进步，这些进步由非常了解儿童的关键人物所记录，父母也会相信他们的判断。在这类总结性评估中，儿童早

图 5.2　日常进行的儿童早期教育评估，即形成性评估，发挥着最大作用

期教育工作者可以邀请儿童参与进来。儿童的贡献可能包括在机构中拍摄的儿童照片，以及他们对进入新班级的期盼和恐惧。

在确保为每个儿童提供最有利于他们进步的经验方面，日常进行的评估（又称形成性评估）发挥着最大的作用。在基础教育阶段，对早教工作者来说，制定一些形成性评估的基本原则可能是有益的，因为这些原则将提供一个框架，儿童早期教育工作者可以在这个框架内建立确保能够定期收集有用信息的体系。

基础教育阶段的形成性评估：

- 根植于对儿童言行的观察；
- 发生在儿童熟悉的环境中；
- 是基于儿童能做什么，而不是儿童不能做什么；
- 认识到儿童能从他们自主选择的活动中学习；
- 承认儿童的成就受到他们与成人和同伴间关系的影响；
- 坚持机会平等原则，认可多样性。

在确立了原则的框架之后，接下来明智的做法是问问自己以下这些实践性问题：

1. 什么是值得注意的？
2. 如何进行评估？
3. 应该由谁进行评估？

"什么是值得注意的？"简单来说，任何对儿童有意义的事情都是值得注意的。珍妮·林顿提醒我们，"在《英国国家早期教育纲要》工具包中，形成性评估有时也称作'持续性'评估。这个词也许可以解释为什么有些儿童早期教育工作者认为他们必须持续、不间断地做记录。你不可能记录所有的事情，也没有人希望你这样做，没人希望你收集一大堆对儿童本身以及他们和你在一起的美好时光没有真正回报的证据"。[10] 其他作者将形成性评估称作"捕捉"对某个儿童而言有意义的东西。没有人能够"持续不断地"进行评估，他们也不打算这样做。"持续"指的是儿童早期教育工作者对儿童表现出的任何有意义的成就或困难的关注、意识和警觉。

关于认知发展，我们需要记录两个主要方面：一个方面包含在课程中，即读写能力、数学能力、科学技能和理解力；另一个方面涉及的范围更广，关系到儿童的学习风格。这两个方面存在一些冲突，人们希望通过引入强调有效学习特征的《英国国家早期教育纲要》（修订版）能够减少冲突。

帕斯卡和伯特伦警告说，"对政府而言，最重要的是那些最容易测量的东西，那些最容易测量的也就因此成了最重要的东西"。[11] 诸如以阅读分数和算术技能等为基础的课程是最容易测量的，反而那些对儿童成功起更重要作用的学习特征不太容易量化。克里斯托夫·鲍尔提及这些特征时说道："在缺乏动机、社交技能和自信的情况下，没有人可以有效地学习。"[12] 他据此断言，早期学习机构的主要功能是将这些特征植入年幼儿童的学习中。反映这些观点的是有效学习的特征，这些特征将在《英国国家早期教育纲要》（修订版）中得到评估，因为儿童早期教育工作者记录了儿童在"游戏和探索""主动学习"及"创造性和批判性思维"中的进步。支持儿童早期教育工作者评估这些特征的组织和策略，我们将在第8章中详细讨论。

通过前文引用的珍妮·林顿的话，我们对进行形成性评估的过程（"如何进行"）应该有所了解了。关键不是堆积成山的记录文件，这些文件对儿童毫无益处；重要的是要捕捉并在便利贴上写下你对自己的所见所闻做出的简短评价。通过同事之间的交流、儿童或员工们拍摄的照片、收集诸如绘画和文字作品之类的实物证据，以及与家长的定期联系，我们可以收集到许多有用的证据。这些记录有时也被称作"草稿"——简短且非正式。但是，它们确实会被纳入定期的员工评论之中，评论期间会留出时间来讨论个别儿童的情况，并将这些信息纳入短期或中期计划中。实际上，有时这些"草稿"汇聚起来就是一个儿童的故事，称作"学习故事"。新西兰的幼教课程"Te Whariki"使用这些故事作为评估的主要方法。随着每个儿童对世界的理解及其在世界中地位的提高，他们的学习故事将变得更深刻、更复杂，他们的进步也被记录下来。

评估有效学习的特征的核心是提供能够支持儿童发展的环境。正如《英国国家早期教育纲要》文件包中的第4.3条提醒我们的那样，"当儿童像其他所有人一样给工作表涂色或制作节日卡片时，他们很难建立创造性的联系"。就本章宗旨而言，很明显，当儿童参与这类活动时，我们很难评估他们的创造力、积极性或乐趣。

怎么强调学习环境质量的重要性都不为过。对儿童而言，他们要表现出积极的学习倾向，诸如"愿意去尝试"或"选择做事的方式以及发现新方法"，就必须要有引人深思和有趣的事情去"尝试"，也必须具有挑战性的经验，让儿童去"发现新方法"（或解决问题）。儿童所投入的时间、认知努力（思考）和情感资源（失败的风险），统统都是值得的。

应该由谁评估儿童？答案是每个对儿童来说重要的人都应该有发言权，包括儿童自己。能洞察儿童进步的主要人物有父母、照护者、其他专业人士和儿童早期教育机构的团队，尤其是儿童的关键人物。日常的形成性记录通常是由儿童的关键人物和家人合作完成的。通过与家长共享观察记录，儿童早期教育工作者可以构建更全面、更丰富的儿童发展图景。如果家长能意识到自己的孩子渴望什么，或者孩子下一步可能会有什么样的发展，那么早教工作者就可以与家长进行定期交流，这样家长们便会觉得他们不仅对孩子的评估作出了贡献，而且也为孩子的进步作出了贡献。请记住，这一点很重要，即家长不仅在记录和评估儿童的认知发展方面，而且在支持儿童情感、身体和社会性发展方面，都有巨大的贡献。

专业而敏感的评估能为儿童早期教育工作者制订未来的学习计划提供可靠的依据。它为早教工作者提供了信心，使他们相信自己的计划是正确的，并且评估结果也让父母确信幼教机构的工作人员非常了解和理解他们的孩子。基于有效观察，以及与成人团队定期讨论而收集到的证据，都能提供准确的信息（有时可能出乎意料），儿童早期教育工作者可以据此绘制儿童进步趋势图，并进而采取适当的行动。高质量的观察和评估是良好实践的基石，然而过多的、堆积如山的文字工作却恰恰相反。这些文字工作令人沮丧、毫无意义且浪费儿童早期教育工作者的时间。一位睿智而幽默的班主任告诉我："你不能通过称量一头猪来养肥它。"

挑战和困境

- 确保早教工作者观察和评估儿童的学习态度和学习倾向，以及儿童知道自己能做什么（概念和技能）。
- 认真思考儿童的创造性作品并作出回应，以此来实践有价值的倾听，让儿童有机会深入反思自己的创意作品。你的回应方式也有助于儿童深化理解和扩展知识。

参考文献

1. Observing Children in S. Smidt (ed.). *The Early Years: a Reader*. London: Routledge, 1998.
2. D. Rich, D. Casanova, A. Dixon, M. J. Drummond, A. Durrant and C. Myer. *First Hand Experience: What Matters to Children*. Rich Learning Opportunities, 2008.
3. J. Cousins. *Listening to Four Year Olds*. London: Early Years Network, 2003.
4. K. Sylva. *Journal of Child Psychology and Psychiatry*. 1994, 35(1), pp.135-70.
5. B. Duffy. *Supporting Creativity and Imagination in the Early Years*. Buckingham: Open University Press, 1998.
6. M. Evangelou, K. Sylva, A. Edwards and T. Smith. *Supporting Parents in Promoting Early Learning: the Evaluation of the Early Learning Partnership Project*. DCSF Research Report RR039. Nottingham: Department for Children, Schools and Families, 2008.
7. *The Early Years: Foundations for Life, Health and Learning*. Report on the Early Years Foundation Stage by Dame Clare Tickell to Her Majesty's Government, 2011.
8. M. J. Drummond. *Assessing Children's Learning*. London: David Fulton, 1993.
9. EYFS Statutory Framework. 2008, p.16.
10. J. Lindon. Analysis: EYFS Assessment isn't about Paperwork, Nursery World,

2008.

11. C. Pascal and P. Bertram. Assessing what Matters in the Early Years in J. Fisher (ed.). *Foundations of Learning*. Buckingham: Open University Press, 2002.

12. C. Ball. *The Importance of Early Learning: Start Right Report*. London: Royal Society for Arts, 1994.

教育是一道平衡木，
往左是束缚，
往右是放纵，
二者都会让孩子重重跌落。

第6章

家园共育

无论家庭的学习环境多么丰富,早期学习的唯一责任不能只落在家庭上。与家长建立真正的合作关系,是儿童早期教育机构为儿童提供优质保教服务的明确指标。

习得的知识不仅仅存在于学习者的大脑，我们感兴趣的世界也不仅仅是单一的世界，而是个体与他人、地点和事物相互联系的世界。[1]

　　在思考年幼儿童的发展时，两种观点贯穿于本章。一种观点是，儿童并不是孤立存在的。我们经常谈及个性化学习，理解每个儿童基于自己对世界的特定经验来构建自己的世界蓝图。然而，没有任何概念是在真空中习得的，这是不言而喻的事实，儿童对他们所遇到的每种新感觉、新观点或新概念的诠释，都受他们迄今为止生活经验的影响。可以说，所有年幼儿童的学习都会受到社会调节。对很小的孩子而言，这些调节最可能发生在家庭。儿童所处的直接社区的影响同样强大，社区有其独特的文化和道德意识形态。

本章所依据的第二种前提建立在第一种的基础之上，对于儿童早期教育工作者而言，发现儿童在家里接触到的学习类型，并以此为基础开展基础阶段的教育是非常有意义的。这是因为家长最了解自己的孩子，知道孩子的学习兴趣和学习方式。急于让儿童尝试不同的学习方式，而不是那些已被证明在其早期非常成功的学习方式，这是没有意义的，甚至是非常有害的。我们将进一步探讨这两种观点。

家庭中的儿童

每个孩子都出生在某种家庭中。如今，家庭的结构发生了巨大的变化。《早期学习和发展文献综述》的一个重要发现是，"孩子在以随因反应为特征的温暖、积极的关系中茁壮成长"。[2] 该综述的第一部分或许不是一种新观点，但是第二部分"随因反应"（contingent response）的价值，或者说成人对儿童启蒙的回应的价值，是一种来自神经科学的发现，它使我们认清了促进儿童发展的成人和孩子之间互动的本质。最明显的是，儿童的情绪和社会性发展会受到这些早期亲密关系的巨大影响，现在我们知道，

"无法维持有效的关系会导致大脑皮质醇水平持续升高,这可能对大脑造成伤害"。[3]

如果脑功能受损,认知过程和情绪过程都会受到影响。我们知道,有效学习的特征包含了一些要素,如果儿童的基本需要——被认为是讨人喜爱的——没有得到满足,那么他们将很难获得这些要素。大多数能够冒着失败的风险去尝试新事物,或可以长时间专注于一项复杂的新学习任务的儿童,其内心都会有这样一种认识:即使他们失败了,仍然会被喜爱,因为他们是特别重要的个体,只要他们足够努力,就能掌握新的学习任务。这些学习特征更可能出现在这样的儿童身上:他们一出生,便能在家庭中获得相互回应和随因反应。

政府部门大力强调这样一种观点,即儿童最好在由一男一女结婚组成的传统家庭中长大。但最近的研究告诉我们,特定的家庭成员构成并不是最重要的问题。对年幼儿童有深刻影响的,恰是亲密的家庭关系的性质而非家庭结构。众所周知,家庭不仅影响儿童的情绪,也影响儿童的智力,因为许多儿童学习模式都是在他们生命的早期阶段形成的,那时他们整日主要与家人一起生活。儿童的早期经历将会影响其脑结构,反复接触积极或消极的照护经验,无疑会对儿童如何看待自己作为有效的学习者产生巨大影响。

同伴早期教育项目（Peers Early Education Project, PEEP）是牛津大学开展的一项读写能力干预项目，其优势之一在于，该项目坚定地认为，作为家长，"你是谁"并不能使你的孩子成为有效的学习者，而真正起作用是"你做了什么"。这一认识使得所有类型家庭的家长都明白，通过提供温暖、相互回应的关系，认可孩子的成就，为孩子树立恰当的行为榜样，就可以大大改善其子女的生活机会。因此，随因反应的过程是可以被教会的，孩子的认知功能、情绪和社会性功能也将得以丰富。正是这种情感上的相互回应关系，对成功的学习起着至关重要的作用，所以每个处于基础教育阶段的儿童都有资格拥有一个关键人物。《英国国家早期教育纲要》中关于"积极关系"的承诺指出，关键人物"给了儿童安全感和受照护的保证"，倘若儿童意识到没有关键人物给予情绪安全感和归属感，那么他们成为自信学习者的可能性就会明显地降低。

个体要了解自己是否讨人喜爱，完全取决于其与主要照护者在一起的早期经验。由于在有意识的记忆形成之前很久，不断重复的经历已然奠定了理解的模式，所以这些模式必然是以情感为基础的。正如玛丽亚·罗宾逊所说："我们最初的情感反应将有助于吸引、维持或失去我们的注意力，从而影响我们的记忆。"[4]她还主张，压力会影响我们的记忆，进而影响我们的学习，因此这表明，从生命最初开始，情绪与认知的发展就相互交织在一起。这种压力或许与我们许多人记忆中的小学时代的压力类似，当老师要求我们进行心算或背诵乘法表时，我们却发现自己大脑一片空白！根据我个人的经验，我可以肯定这会导致长期无法进行数学运算，这与缺乏自信有关，而绝非天生缺乏数学能力。

图 6.1　一个人是否讨人喜爱取决于其早期经验

因此，家庭对儿童有着最大的影响。反过来，每个家庭又不是孤立的存在，而是隶属某个社区，这个社区具有一系列种族、文化和宗教的特性。这些观念将影响年幼儿童，正如我们前面指出的，年幼儿童世界观的形成会受到家庭和更广泛社区的社会调节。我们在家庭和社区中形成并拥有的这些强大的早期经验，并不仅仅影响我们的大脑，实际上，它们还改变了我们对"我们是谁"的看法。因此，我们成长为什么样的人，正是这些早期经验影响的直接结果。

在过去的50年里，几种有关儿童家庭学习的基本观念都已发生了改变，所有这些变化都对早期教学方式产生了影响。首先，现在公认的是，婴幼儿的脑在出生到6岁之间以最快的速度发育。因此，我们现在知道，年幼儿童并非什么都不知道，他们在家庭中学到了大量关于概念、技能和人际关系的知识。其次，我们知道，儿童所经历的学习类型是非常成功的，因为它是根据每个儿童个人的学习方式和社会环境量身定制的。例如，蒂泽德和休斯的研究表明，工薪阶层家庭年幼女孩与母亲之间的对话，远比她们与学校教师的对话更丰富、更复杂。[5]再次，我们对本章开篇引用的观点更加敏感，即每一个来到我们机构中的儿童都不是孤立的个体，而是处于某种使其成为独一无二个体的"人物、地点和事件"的环境之中。这张紧密交织的网通常能为儿童提供支持，但偶尔也会限制他们，它与儿童是不可分割的，同样需要被理解、被尊重。

理解是什么让儿童在家中的学习经验如此有效，这一点非常重要。请思考下面的例子。

> 5岁的乔希和3岁的萨莉正在和母亲一起做饼干。这是一种常见的日常活动，很容易想象那个画面。他们需要将原料分类、称重、混合，然后搅拌、搓揉生面团，还要操作模具，将面团做成不同形状。然后将饼干放在烤盘上，在烤箱里定时烘烤，烤好后将其从烤箱中取出、冷却。最后，将饼干分发给玩偶娃娃、家人和朋友，并将剩余的装在罐子里留着日后吃。他们可以向任何愿意倾听的家庭成员详细描述制作饼干的整个过程，并且还可能在当晚睡觉前再听一遍《姜饼人》的故事。

从正式学习的视角来审视这项活动，我们完全有可能瞥见课程的许多方面。当给原料称重，以及根据领取饼干的人数核对饼干数量时，会涉及数学运算；在和面和烤制的过程中，面糊的黏稠度发生了变化，这是一种科学知识；在指导和讨论制作的过程中，用到了交流和语言知识；在轮流操作和被鼓励耐心等待时，涉及了儿童的社会性发展。当乔希和萨莉发现和面以及揉面团是什么感觉时，有效学习的一些特征也是显而易见的。如果制作饼干的面团干裂，他们需要再次和面、揉面，使面团的形状与模具相匹配，这时他们表现出了活动动机和毅力；当点心散发出诱人的香味时，他们会在成功的工作中获得深深的满足感；随后，当他们为玩偶娃娃举办茶话会时，他们会选择完成游戏的方式。

作为一种学习经验，该活动的一个重要方面并不在于课程是通过烹饪活动"教授"的，而在于它是以一种整体的、有趣的方式进行的，且从未提及科学、语言、数学或社会性发展。相对于更正式的以学科为基础的学习，这类活动的一个主要优势是，年幼儿童需要把自己的学习嵌入到他们的经验中。为了发展认知能力，活动对儿童而言必须是有意义的。可以说，儿童唯一的工作就是理解这个世界，并不断提高对事物如何运作的理解水平。对儿童来说，数清有多少个娃娃以及需要多少块饼干喂给它们吃才是有意义的。儿童早期教育工作者设计"让儿童数出所在机构中有多少件东西"这样的活动是没有多大意义的。后一种活动对儿童而言似乎没有明显的意义，由此产生的学习结果将不会牢固地嵌入儿童的大脑，并且注意力也会随着练习变得毫无意义而快速减弱。玛格丽特·唐纳森在1978年开展的研究刚好证实了这一现象，她指出，如果将复杂的概念融入日常游戏环境中，儿童便可以理解这些复杂概念；如果同样的概念以去情境化的方式呈现，比如皮亚杰的一些探索自我中心的实验，儿童则无法理解这些测验的意义，因而也不能通过测验。[6]

  这类家庭学习的另一重要方面是乔希和萨莉的母亲的角色。芒恩和谢弗发现，家庭环境可以"高度适应儿童的认知功能"，因为家长通常对孩子的能力和偏好非常敏感，而且能够为儿童逐渐形成的理解提供支持和脚手架。[7]作为"老师"的家长，不太可能以说教式或指导性的方式对待孩子，而更可能以一种接近于共同建构模式，这种模式鼓励双方协商，结果通常是灵活的。最近发布的政府特别委员会关于社会流动性的中期报告表明，如果鼓励家长多花些时间与孩子在这些非正式的场景下相处，那么孩子便能够获得有效学习的关键特征，如延迟满足和自我控制。[8]这种共同建构的互动模式是瑞吉欧婴幼儿学校和英国学前教育有效供给研究（EPPE）报告的重要特征。我们又回到了支持有效学前教育项目报告称作"持续共享思维"的那种互动，即一种平等的双向交流，在这个过程中，每个人的贡献都具有同样的价值，并且蕴含了我们在第 4 章中讨论的批判性思维的可能性。从认知角度看，这是一种鼓励儿童观点的方法，从而重视他们的贡献，并为他们发展更复杂的思维类型提供了可能性。例如，萨莉和乔希的母亲很可能会鼓励孩子们在面团上再找一块空间来嵌入饼干模具，制作另一块饼干。她不一定会指出面团上的空间位置，但会在孩子们寻找空间时提供支持。孩子们可能会面临两种选择，他们必须对此进行讨论，可能会选择一种他们的母亲认为并不是最好的解决方案。然而，母亲可能会让他们自己做决定，或者可能暗示他们的推理是有瑕疵的。不管怎样，母亲对孩子们的学习需求很敏感，而且能在必要的最佳时刻为他们提供支持，使他们的理解达到一个新的水平。维果茨基将此称为"最近发展区"，它被认为是促进儿童认知发展得非常有价值的成人互动类型之一。事实上，这类家庭学习的影响如此之大，以至于梅尔休伊什等人将其评价为与母亲的资格水平具有同等的地位，而母亲的资格水平被视为孩子可能的认知发展的关键指标，并明确指出"父母做什么比他们是谁更重要"。[9]

总而言之，父母能够成功教育孩子的主要原因如下：

- 关爱并关心孩子；
- 在现实世界中而不是在更正式的学业学习中实施教育；
- 经常和孩子处于一对一的情境中；
- 通常是给予回应而不是发起学习。

与家庭合作

梅尔休伊什等人指出，无论家庭的学习环境多么丰富，早期学习的唯一责任不能只落在家庭身上。惠勒、康纳和古德温重申了这一点，他们指出，"研究发现，最有效的儿童早期教育机构和学校都有一个特点，那就是与家长保持着密切合作，这并不奇怪"[10]。

作为每一位儿童早期教育工作者角色中最复杂的一个方面是，"与家长的密切合作"必须合格。这是一个很容易脱口而出的短语，并且许多儿童早期教育机构认为他们正在实现这一要求。在这里，值得我们深入探讨与家长之间关系的本质，因为，如果它正如研究所表明的那般重要，我们必须十分确定，我们所提供的合作关系类型是家长认为适合他们的。

家长参与孩子的学习

许多家长都意识到他们在孩子的认知发展中所扮演的角色，他们是孩子所在儿童早期教育机构的常客，经常参加与孩子学习有关的会议，记录孩子在家庭和机构中的阅读和活动完成情况。这些家长自愿为孩子们讲故事、烘焙，陪同孩子郊游，配合参与儿童早期教育机构全方位的工作。在一个高度重视学习的环境中，他们可能会表现得很自信，并且在一群小孩子的陪伴下，他们也感到很自在。他们明白，有一种哲学支撑着这种实践，并渴望理解它，了解它所蕴涵的原则。他们还必须愿意接受必要的检查，这些都是目前陪伴年幼儿童所需要的，并且能在自愿的基础上持续付出大量的时间。从我的经验来看，没有多少家长能够或愿意提供这种水平的支持。期待家长如此这般地投入精力可能是不切实际的，只有为数不多的家长可以做到，因此，鼓励更多的家长都以这种方式参与机构的活动总是困难的。然而，为数不多的这样的家长，不仅为机构提供了大量的实践支持，而且还发挥了联结社区中其他家长的宝贵纽带作用。这些家长明白儿童早期教育机构为何发挥这样的作用，并扮演了有价值的倡导者的角色，向其他家长、向社区保证这样的教育实践是好的，儿童的学习是有效的。他们看到孩子们很开心，也很投入，机构里的员工们也是如此。在这里，每个人都有归属感、幸福感、成就感，有自信、好奇心和合作意识。总的来说，我们必须鼓励家长尽可能地与儿童早期教育机构保持密切联系，因为只有通过这种常规的、非正式的接触，真正融合的、平等的合作关系才能蓬勃发展起来。

其他参与方式

由于种种原因，大多数家长不会每天都参与孩子在幼教机构的生活。儿童早期教育工作者需要创造性地想出一系列方法，以便与那些生活忙碌的家长保持联系，而不是想当然地认为某种合作方式比另一种更好。有些家长乐意陪同孩子和儿童早期教育机构的员工一起郊游，而有些家长则喜欢缝制孩子角色扮演的服装。有些家长乐于组织夏日烧烤活动，而有些家长则会为孩子们的区域活动提供纸张、收集盒子，或者周末把儿童早期教育机构的豚鼠带回家代养。所有这些建立真正友谊的方法对儿童和早教机构都有帮助，并且在作出这些安排的过程中，产生了非正式交流的真正机会，有助于儿童早期教育工作者更好地了解儿童的家庭，同时让家长们感受到被认同和被重视。

为了以一种能促进儿童认知发展的方式支持儿童早期教育机构，家长们并不需要理解数字组合的最新教学法或原音拼合法背后的理论。家长有时会担心学习方法的变化过于频繁，他们自己所掌握的学习方法（如学习阅读或计数）已过时，从而对孩子造成困扰。这是对鼓励孩子学习所需支持的本质的误解。为了达到最佳效果，家长需要具备以下特质：

- 对孩子讲述的在儿童早期教育机构的经历保持浓厚兴趣；
- 有进行亲子阅读以及分享发生在机构中其他经历的时间；
- 支持儿童早期教育机构的理念。

图 6.2　在家中进行有效的亲子阅读，也是家长支持儿童早期教育机构的一种方式

儿童早期教育机构能做些什么

为了促进真正的家园合作关系，信息必须是双向交流的，既源自家长也流向家长。儿童早期教育机构会通过一系列方式告知家长实践背后的理念和组织的日常运作机制。机构中的各个方面都同样重要，因为它们彼此影响，相互依赖。例如，每个孩子都需要能够认出自己的外套，这一事实与机构鼓励独立的理念有

关。当然，如有必要，我们期望儿童在他人的帮助下能找到他们的外套。家长们需要明白儿童早期教育机构的各个方面都会支持机构的理念，这样他们也能支持它。我们将在第 8 章更详细地探讨这些具体问题。

宣传册为儿童早期教育机构提供了机会，使其明确阐明其观点及日常组织的细节。机构应注意确保所有家庭可以接触到这些内容，使整个社区都感受到归属感和被重视。这是一种很有价值的方式，可以确保所有家庭对儿童早期教育机构及其理念产生兴趣，抽出时间给孩子讲故事，并始终对孩子在儿童早期教育机构中的经历表现出浓厚的兴趣。

儿童早期教育机构可以组织涵盖一系列主题的研讨会。譬如，关于在游戏中学习的研讨会，则有助于家长理解以非正式的方式呈现新知识的重要性，并可能防止"发生在家长方面过度教学的危害"[11]，过度教学可能会导致压力，阻碍而不是鼓励新的学习。我曾经组织过一期以"危机和韧性"为主题的工作坊。家长通常会担心，当孩子亲身经历时可能遇到危险，担忧儿童还没有足够的自信说出自己的顾虑。这次研讨会让家长们有机会问孩子如何应对危险这一问题，儿童早期教育工作者也有机会向家长们解释危险应对如何能促进儿童的认知、创造性和批判性思维的发展。我们也将在第 8 章中详细探讨这一具体问题。

儿童早期教育机构有时会就更广泛的家庭问题开展一系列研讨会，如教养子女或行为问题。有时，儿童早期教育机构还会为家长们提供烹饪、缝制衣物或精通一门语言的机会。在这期间，家们可以分享专业知识，彼此了解，还可以更多地了解儿童早期教育机构是如何教育其孩子的。如此一来，儿童早期教育机构便成了社区的中心，使所服务的社区家长们感受到真正的归属感。有时，儿童早期教育机构也会触发家长考虑自己也有可能从事早教工作。

向家长们学习

如果没有充分了解他们所照护的儿童，那么任何儿童早期教育机构都不能促进儿童的认知发展。没有人比家长更能准确地提供给我们所需的信息。我们既需要向家长询问那些能为我们提供重要信息的问题，诸如儿童的个人喜好与焦虑，也要让家长告诉我们，他们认为我们应该了解他们孩子的哪些重要信息。在家长和儿童早期教育机构建立联系之初，首先要进行初次的问卷调查和交流，儿童早期教育机构必须组建他们的联系系统，必须让家长清楚如何保持定期的联系，这样家长就可以与自己孩子的老师进行非正式的交谈，以便促进相互信任、交换信息。

与家长建立真正的合作关系，这是儿童早期教育机构为儿童提供优质保教服务的明确指标。那些没有努力与家长建立良好关系的儿童早期教育机构，将不可能最大限度地利用现有的机会，从而为所有儿童提供最好的保育和教育。诚然，家长与儿童早期教育机构员工共同努力是一种优势，是促进儿童进步和成功学习的一种有力模式。

挑战和困境

- 儿童早期教育机构必须与家长进行真正的双向交流。我们通常很擅长向家长提供我们认为他们需要的信息，但并不总是善于从他们那里深入了解他们的孩子。
- 儿童早期教育机构的员工需要深刻理解，及时且相互的回应是儿童认知学习、社会性和情绪发展的核心。为了使儿童获得最大程度的进步，儿童早期教育机构的员工需要每天以专业的精神，向其照护的儿童表达关爱。

参考文献

1. M. Carr. *What is Effective Assessment? A View from New Zealand*. paper presented on Effective Assessment and Evaluation in the Early Years, P. Green.
2. M. Evangelou, S. Sylva, M. Kyriacou, M. Wild and G. Glenny. Research report DCSF-RR176.
3. A. N. Schore. Foreword in J. Bowlby. *Attachment and Loss*, Vol. 1. New York: Basic Books,1999.
4. M. Robinson. *Development 0-8: a Journey Through the Early Years*. Maidenhead: Open University Press, 2008.
5. B. Tizzard and M. Hughes. *Young Children Learning: Thinking and Talking in the Home*. London: Fontana, 1984.
6. M. Donaldson. *Children's Minds*. London: Fontana, 1978.
7. P. Munn and H. R. Schaffer. Literacy and Numeracy Events in Social Interactive Contexts. *International Journal of Early Years Education*, 1.3.
8. *Sunday Times*, 2012.
9. E. C. Melhuish, B. Mai, M. P. Phan, K. Sylva, P. Sammons, I. Siraj-Blatchford and B. Taggart. Effects of Home Learning Environment and Preschool Centre Experience upon Literacy and Numeracy Development in Early Primary School. *Journal of Social Issues*, 2008, 64(1).
10. H. Wheeler, J. Conner and H. Goodwin. *Parents, Early Years and Learning: Parents as Partners in the Early Years Foundation Stage: Principles into Practice*. London: National Children's Bureau, 2009.
11. P. May, E. Ashford and G. Bottle. *Sound Beginnings*. London: David Fulton, 2006.

第7章

对差异的思考

融合意味着将广泛的个体聚集在一起,所有人都受到重视和尊重,而不是通过不恰当的努力将各种各样的孩子限制在一套通用的期望模板中。

无论其种族、宗教信仰或能力如何，儿童都应受到公平对待。这一原则适用于一切，无论他们想什么或说什么，他们出身于何种家庭，他们说何种语言，父母从事何种工作，他们是男孩还是女孩，他们是否有发展障碍，贫穷或富有。[1]

差异有多种表现形式。有些差异是实际存在的，与身体、认知、社交或行为方面的局限或障碍有关。这些差异有时会导致所谓的"特殊教育"的需求。其他差异则是感知或认识上的，影响那些具有各种文化或宗教信仰和背景的人，这些因素似乎使他们被归为"少数群体"。

差异和少数群体的概念是本章的核心，因为它们对认知过程有着重要的影响。一些主流观点，比如年幼儿童是如何学习的，以及什么是最好的教育，都将有助于我们的理解。目前，关于学习的主流思想，对我们的儿童早期教育机构设置以及从业者所要达到的目标有重要影响。当这一点应用于学习方式时，我们也会考虑到差异，这刚好呼应了《英国国家早期教育纲要》中的第一个主题和承诺，即"独一无二的孩子"。正如《英国国家早期教育纲要》的第1.1条所提醒的，"婴儿和儿童以各自的方式和节奏发展着"。因此，接下来我们要探讨一些相关定义。

主流思想

主流思想由具有分量和影响力的理念和实践构成，因此它融入了日常实践之中。当然，这些理念不一定被普遍接受，认识到这一点非常重要。例如，发展心理学为早期学习提供了特定的背景，早期学习在很大程度上依赖于通过一系列公认的阶段而获得连续发展，并被认为具有普适性。对于政府而言，这种教学法的优势是，它使学习和发展相对整齐，从而可以对其进行评估和管理。然而，近期有些不同的思想体系开始受到关注，这主要是因为，正如达尔伯格、莫斯和彭斯非常明智地指出的那样，"你不能为人们的理解立法"[2]。

越来越多的人认为，学习和发展是受文化约束的；而且有人认为，它可能比前面提到的连续发展更加系统化。这种教学法认识到，儿童的学习并非连续的，许多因素会影响他们的学习能力。其中一些因素可能是物质上的，如贫穷；而另一些则可能是认知和情感上的，如低自尊。支持或限制儿童学习和发展能力的各种因素交织在一起，儿童早期教育工作者需要一一识别它们，然后在计划中加以考虑，从而让每个儿童都有机会茁壮成长。举个例子，在我工作的一家儿童早期教育机构里，我遇到过一对刚从泰国来的小姐妹。她们的英语还处于启蒙阶段，她们的母亲几乎不会说英语。儿童早期教育机构的员工遇到的主要困难是说服这对姐妹和大家一起玩游戏，甚至是她俩一起玩。她们似乎无法将自己所认为的"学校"与游戏联系在一起。最后，我找来一位翻译，他与孩子以及她们的母亲沟通后解释说，这两个孩子先前接受了更正式的学校教育，她们的家人均未接触过通过游戏来学习的观念。这是一个典型的家庭观念与主流理论相冲突的例子。当然，除此之外，"通过游戏来学习"这个主流理论在她们离开的那个国家可能并不重要。作为一个家庭，她们肯定"有不同的想法"。

少数群体

从占主导地位的教学法理念中引出的一个观点是：要作为少数群体的一分子。"我们"这个概念对不同的人具有不同的含义，但从专业角度来说，它需要指代我们儿童早期教育机构中的每一个人。

在本书中，"多数群体"是指基于西方文化中的白人男性视角。白人男性掌握着大多数的权力、影响力和财富，而西方社会当今的教育议程也出自他们之手。目前在英国，权力掌握在这样一些人手中，他们要求设立一种规范化的教育体系，该体系有容易界定的教育目标和清晰的测量量表。这与强调"连续发展"和"普适性"的发展心理学的教学法非常吻合。基于这种教学法，教育为那些被认为落后的儿童普遍提供了公式化的解决方案。原音拼合法就是这样一种解决方案，它是一种用于解决复杂多因素问题的过于简单化的技术性方法。正如可以用新的零件替换掉坏的零件来修理汽车一样，被普遍应用的原音拼合法课程被视为解决英国读写能力危机的捷径。

鉴于在本书中多数群体被界定为西方白人男性，那么西方社会人口中的很大一部分都被视为这一群体以外的人，因此被归为"少数群体"，如妇女、儿童、非西方血统的人，他们对政策制定的影响力小得多。在美国强大的金融、学术、文化和技术实力的引领下,西方文化的影响,导致其意识形态前所未有地流向世界的各个角落,以此表明它的观点和价值观就是规范,任何不同的东西应被视为"异类"。被认为是异类让我们又回到了那个棘手的问题:谁是"我们"。

学习倾向

从认知层面来说,正如莉莲·卡茨解释的那样,学习倾向(disposition to learn)是一种"经常地、有意识地和自觉地表现出来的倾向,一种指向广泛目标的行为模式"[3]。我们需要去探索这种倾向,因为正是它能让儿童茁壮成长、乐于学习。这种倾向的一个重要部分是,相信自己是受到重视和爱护的,相信自己属于所加入的学习者群体。例如,设想你参加了一个成人夜校的法语口语班,你意识到班上的其他人已经参加好几年了,他们彼此很了解,而且他们的会话技巧也有很大的进步。这种认识不会让你感到自己是群体中的一员。换言之,你并没有获得"我们"这种情感,你觉得自己是少数群体。要改变这种情况通常需要较长一段时间,而这种改变也取决于多种因素,例如你的社交技能、该群体关于接纳新成员的理念以及群体领导者组织学习的技能。

在儿童早期教育机构中同样如此，如果新来的儿童感到自己是个局外人，而且他所做的努力得不到重视，他便不会有学习倾向。这就需要一个敏感的儿童早期教育工作者意识到，"异类"儿童或许需要温柔的鼓励和安全的情感依恋，从而培养温暖且持续的友谊，这样的友谊将鼓励儿童建立"重复的行为模式"，从而产生积极的学习倾向。

倾向包含两个要素：情感要素和认知要素。个体尝试新事物的意愿需要勇气和一定程度的自信。自信源于一种坚定的认知，即自己是有价值的，并且通过真正的努力可以完成一些困难的事情。我们的努力可能是有效的，我们可以影响事物的改变，这种信念被称为内在控制观。我们都知道，有些儿童把困难看作令人兴奋的挑战，并确信他们有很大机会在自己投入的任何事情上取得成功，这些儿童通常对学习持有一种掌握态度，卡罗尔·德韦克对此进行了深入研究。[4] 她发现，这种类型的学习者具有自我激励和自我调节的能力，能够进行复杂的批判性思考和元认知活动，我们已在第 4 章中讨论过这两个主题。另一种类型的学习者被称为"无助型"，因为他们认为其他人可以控制其学习能力，他们持外在控制观。这种学习者努力学习的动机是获得他人的（外在的）认可，而不是在挑战性任务中发现内在的快乐。他们觉得自己再怎么努力也不能改变结果。在此问题上值得反思的是，很多学校的奖励制度延续了外部动机的理念，也就是说，激励儿童的是来自他人的奖励，而不是发现新知识本身带给自己的乐趣。通过给予选择、鼓励独立和提供有趣的东西让年幼儿童去学习，我们能够激励并培养他们积极的学习倾向，并通过得到"关键他人"爱的支持来加以巩固。成功的学习是自信（情感）和能力（认知）交织的结果。正如珍妮·林登所言："倾向就是思维与情感的结合体。"[5] 那些认为自己真的是群体（我们）中一员的儿童，可能会发展出应对充满不确定性和失败可能性的新学习的情感倾向。他/她将会成为那些表现出有效学习特征的儿童中的一员，有效学习的特征是《英国国家早期教育纲要》课程的核心。我们在本书的第2、3、4章中已经探讨过这些特征，它们完全取决于积极的学习倾向。简单回顾一下，它们是：

1. 参与其中并保持专注；
2. 不断尝试，反复练习；
3. 享受其中并达成他们设定的目标。

作为儿童早期教育工作者，如果我们能让儿童发展出这些学习态度，那么我们就给予了他们宝贵的技能，这不仅有益于他们的求学之旅，还会让他们受用终身。所有儿童都将从这些积极的思维习惯中获益，但是，那些还未获得"我们"这种归属感的儿

图 7.1 成功的学习是自信（情感）和能力（认知）交织的结果

童，迫切需要我们更多的支持来获得这些态度。

差　异

那些可能不属于我们儿童早期教育机构主流的儿童几乎不可能被分类。我们的一些孩子将加入"行动计划"（Action Plans），并且已经有明确的需求需要解决。但是，对于一个不喜欢玩"超级英雄"游戏的安静男孩，或者一个发现自己无法进入角色扮演游戏的孩子而言，他们的需求是什么呢？在本章中，我们只考虑四种类型的差异，同时也要认识到，正如本章开始的引言提醒的那样，在现实生活中，所有儿童都必须得到公平的对待，他们都是独一无二的，因而也是有差异的。

文化差异

不同的儿童早期教育机构所服务的社区环境差异巨大。我曾经就职于一所坐落在一个几乎全是白人家庭的社区幼儿园。我也曾在多元文化融合的地区任过教，不同的种族群体相互提供了许多可资借鉴之处，但同时他们也需要语言方面的支持，有时还需要熟悉惯例和期望。回想起来，在加深儿童对其他文化知识的了解方面，这家开设在单一维度社区中的儿童早期教育机构是最具挑战性的，因为我们的努力感觉更像是在向多元文化主义的方向作敬而远之式的点头示意，而不是提供对其他社区及其习俗、信仰和价值观的真正理解。我听说这种方法被称为"文化旅游"，我觉得我们可能对此感到些许的内疚。

然而，尽管如此，为了提高儿童对其他社区的认识，我们设法从附近城市的孟加拉人社区邀请了一位朋友来与我们共度一段时光。她来的时候，一个4岁的孩子悄悄问我："她是公主吗？"

因为她穿着华丽的金色纱丽服，佩戴了很多金首饰。她用乌尔都语给孩子们读故事，制作印度薄饼，还帮助我们画漂亮的图案。我知道，这一天给孩子们留下了深刻的印象，而这一次所激发的游戏、绘画和会话，产生的影响也持续了很长一段时间。但是，我非常清楚，这并不足以让我们的孩子对即将融入的多元文化世界形成实用的知识和理解。我觉得我班里的孩子在某种程度上是不一样的，因为他们只经历了真实生活中的一小部分，很难去欣赏周围的差异。

我曾经在附近城市的一所学校工作，这所学校的学生来自辖区内的不同种族。这让人觉得它更具生活代表性，因为现在大多数群体都生活在这里。我们举办了一系列文化活动，其中最具活力的可能是在社区长达一个月的斋戒结束后举行的开斋节活动。正是在这样的环境中，儿童早期教育机构与其所在社区之间发生了微妙的信息和期望交流，令人高兴的是，这一过程得到了具有良好语言技能教师的帮助，他能以敏感和易于理解的方式传达机构与社区的意义和意图。

虽然有些儿童所属的社区与其即将进入的儿童早期教育机构所属的主流社区不同，但这些儿童与那些感觉自己属于多数群体的儿童的认知发展过程是相同的。但是，由于不熟悉一系列日常事件（如惯例、期望、食物和习俗等）所带来的困难，儿童的认知发展可能看起来非常不同，或者实际上相当缓慢，因为儿童需要应对获得在家的感觉的强烈需求，例如，在努力阅读用另一种语言写的读物之前，儿童需先建立信心。除了不熟悉，还有一个事实是，很小的孩子由于缺乏经验，无法准确地理解为什么他们的家庭与儿童早期教育机构之间会有如此巨大的差异，也无法清楚地说明为什么他们觉得表达自己的意图如此困难。如果儿童早期教育机构员工内部存在种族紧张关系，就必须立即解决，这不仅是因为《种族关系法案》的要求，还因为这些儿童特别需要感到自己是属于这个学习共同体的。有趣的是，新西兰的早教课程就是为了跨越两种文化而设计的，其中一条主线是"归属感"。它的五条主线中的每一条都对应一个从年幼儿童视角提出的问题，针对归属感的问题是："这个地方对我们来说公平吗？"

"公平"是一种用来准确描述少数群体的年幼儿童需要经历什么才能获得智力发展的直截了当的方式。儿童早期教育机构的员工需要质疑这些做法的公平性，例如，让年幼的穆斯林儿童（特别是女孩）脱去长袍到戏水池中玩耍，或者对习惯使用不同餐具进餐的儿童表现出不耐烦。持续的不敏感可能引发的情感伤害，极有可能会损害这些儿童萌发出的自信心，阻碍他们在发展积极的学习倾向方面的进步。因此，缺乏家的感觉会直接影响他们的认知能力。

具有文化差异的儿童很可能难以在早教机构中向成人展示他们所理解和已习得的东西。儿童早期教育工作者不能对儿童的发展水平作假设,而是必须利用观察和家庭或联络教师的知识,尽可能准确地发现儿童的学习和发展情况。例如,当一个中国儿童还没有足够的信心在室内使用铅笔和纸时,在户外,一桶水和一支画笔则可以让他用汉字的形式将自己的名字画在地面上。当他的努力得到赞扬时,进步很可能会随之而来。年幼儿童很清楚他们的差异,而且对这些差异也很敏感。儿童早期教育工作者必须让儿童确信,他们的差异是可接受的、积极的,他们所在的儿童早期教育机构真诚地赞扬差异性和多样性。

性别差异

在20世纪末,社会并不鼓励研究性别差异。人们认为,要为年幼儿童提供平等的学习机会,他们就应该受到平等的对待,这就意味着男孩和女孩是一样的。现在人们认识到,强迫一大群独特而迥然不同的人以同样的方式学习,显然无益于机会均等,反而会适得其反。

即使不是一名受过早期教育训练的从业者,你也能认识到男孩与女孩间的巨大差异。我自己在性别差异方面的教育源自我做祖母的经历，那时我会经常陪伴我的外孙。他的喜好与我的两个女儿以及他的姐姐形成了鲜明的对比。我已经数不清我们站在那里看工人在地上挖洞累计有多少个小时了。即使下着倾盆大雨，他依然拒绝离开，他从小就对各种重型移动设备的名称了如指掌。我记得有一次，因为我们似乎在那里待了太长时间，于是一位特别友善的工人建议我们加入他们。我们绕着伦敦南部的建筑工地走了一圈，然后回到家，看看书放松一下。小外孙挑了他一直以来最喜欢的一本《挖、挖、挖》[6]，而且仔细注意各种设备的名称和特性。当我把一种卡车误认为另一种时，这个3岁的小男孩会温和地批评我说："不，姥姥，那不是拖拉机，它是一个低配装载机。"这是我们之间典型的交流方式，他努力地丰富我这方面的知识，以匹配他的知识。

对我而言，看着这个小男孩在儿童早期教育机构中取得进步是一件很有趣的事情。他生性温和，觉得超级英雄的游戏太难，因为他发现自己经常要扮演一个"坏蛋"，这是由于他缺乏电视敏锐性，而且性格温顺可亲。这种情况导致他需要一些来自早教团队的支持，因为他必须通过谈判在群体中获得一个自己觉得舒服的社会地位。他的老师以富有洞察力的专业精神对此作出了回应，花时间和那些"超级英雄们"在户外游戏区玩耍，并在重视追逐打闹游戏和不甚喜欢这类游戏的男孩之间艰难地寻求平衡。

第 7 章　对差异的思考　　**171**

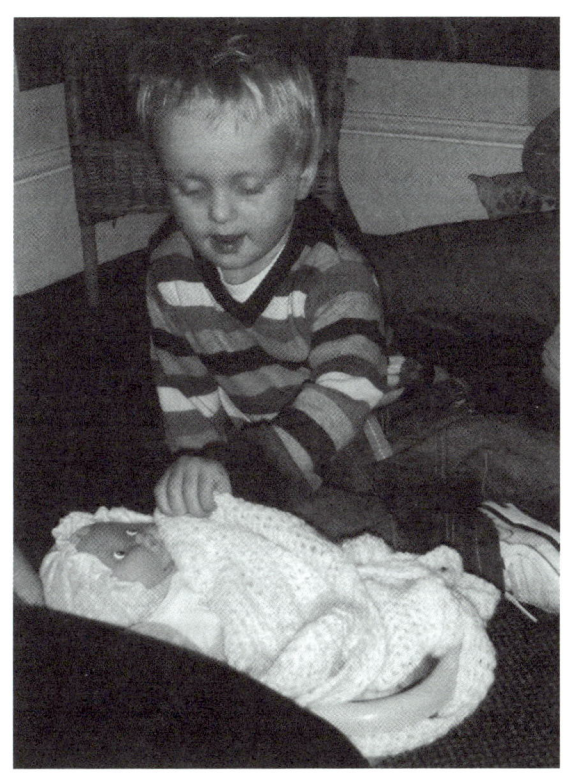

图 7.2　允许男孩和女孩以适合自己的方式自由学习

外孙的读写能力发展也与其姐姐截然不同。他和姐姐有着同样的家庭鼓励和早期学习阅读经历，但他却找到了一种完全不同的阅读方式。与大部分男孩一样，他发现拼读法的结构对他很有帮助，并且非常喜欢学校引入的这种有趣方式。

允许男孩和女孩以适合自己的方式自由学习，在我看来，这已经开启了一项非常好的工作，有助于年幼女孩感觉到生活的机会正在向她们敞开。我非常担忧"粉红公主"的文化，它可能与名流文化危险地联系在一起，从而限制了女孩对自己可能实现的目标的愿景。然而，我还是觉得，在帮助男孩理解身为男性意味着什么这一领域，的确还有很多工作要做，尤其是在那些没有固定的男性形象的家庭中，而且媒体对男性的刻板印象过于强调他们的体格和不善言辞。这两种极端情况对儿童的认知都造成了内在损害，因为它们影响了儿童的创造性思维能力，并使他们的志向局限于当前社会的规范。儿童早期教育工作者有巨大的责任去牢记并践行这句格言：教育，如果说它有任何意义的话，那就是要创造机会，而不是扼杀机会。

能力差异

对残疾的思考，甚至用来描述残疾的术语，总是随着态度的改变、医学的进步以及人们关于残疾的观点的改变而改变。例如，在我们当地医院的脑中风科，护士和专家团队从来不像通常那样，把患者称作"中风受害者"（stroke victim），而是称他们为"某某人中风了"（把人放在前面）。这种语言的使用，即拒绝给患者贴上"受害者"的标签，被认为是充满力量的、敏感的，最重要的是精确的。专业的观点是，一旦个体将自己视为受害者，他们的预后效果会由于感知到对自己处境的无助而降低。这种对其身体状况结果的预期将影响患者对自己未来前景所持的态度，从而降低了他们康复的可能性。正是通过这种方式，心理和身体可能相互影响，因此认知过程也会影响康复的过程。

同样，有特殊教育需求的儿童，由于被贴上了"受害者"身份标签，有时会被其他人认为他们无法以任何方式改变自身处境。他们变成了需特殊照顾的对象，毫无疑问，他们需要这种照顾，但却不认为自己能对社会有任何贡献，不认为他们除了接受，也可以给予。最近，社会态度开始发生了变化，例如，有身体残疾的演员正逐步现身舞台和黄金时段的电视节目中。残奥会为那些有特殊学习和行为需要的人提供了机会，让他们像其他运动员一样闪耀，感受到同样的成就感和幸福感，他们为自己的成功欣喜若狂，这令人喜悦。

也许更激进的是，残疾的医学模式正迅速让位于所谓的社会模式，在这种模式下，某些残疾人群体，特别是失聪群体，并不认为自己有缺陷。他们所感知到的是，他们生活的社会不能很好地适应他们的需求。不是他们需要改变，而是社会需要作出调整，这样失聪人群才能过上充实的生活，在所有机会中都是平等的。

这些观点正在我们的社会中日益普及，反映在我们的儿童早期教育机构中，并且有充分的理由。我们现在所知道的关于人们如何看待自己，以及由此产生的自信、幸福和高自尊水平都告诉我们，和所有儿童一样，那些与众不同的孩子需要被给予现实的高期望。他们需要帮助，从而了解什么对他们来说是可能的，并被鼓励去突破个人界限。也许，一种有效的态度是融合而非包含。融合意味着将广泛的个体聚集在一起，所有人都受到重视和尊重，而不是通过不恰当的努力，将各种各样的孩子限制在一套通用的期望模板中。

财富差异

在这个经济困难的时期，如果不考虑贫困对儿童智力发展的影响，那么任何关于差异的讨论都是不完整的。"贫困直接影响大脑"[7]是系列类似文章中的一篇，反映了正在开展的研究取向，这些研究主要来自美国，表明大脑某些部位的功能与童年贫困存在直接联系。这一讨论广泛表明，贫穷的 7 个指标，包括诸如孕产妇罹患精神疾病、失业、低收入和过度拥挤的居住条件等标准因素，导致了压力水平上升。这种长期积累的压力会导致大脑皮质醇水平上升，这似乎尤其会影响记忆和语言的功能。有效的工作记忆对于创造力和批判性思维的发展至关重要，而这些是成功的成人生活所需要的工具。

为了有效地帮助儿童应对这些困难，儿童早期教育工作者应意识到贫困所造成的根本劣势，确保其幼教机构是平静且稳定的场所，并提供营养且规律的饮食。这种兼顾儿童身体和情绪的养育环境，不仅有助于平衡儿童高度紧张的情绪，而且也是滋养其大脑的第一步。

总之，很显然，儿童之间存在许多类型的差异，所有这些差异都需要给予不同的回应。所有的发展都遵循大致相似的模式，有特殊需求的儿童并不需要"特殊需求解决方案"，但他们将会以不同的方式或完全不同的速度向前发展，记住这一点将对你有所帮助。众所周知，所有的儿童，无论他们多么不同，都需要得到尊重和滋养，需要有一种他们是"我们"中的一分子的感觉，这样才能开发他们全部的智力潜能。

挑战和困境

- 儿童早期教育工作者需要质疑那些占主导地位的教育理论，并探讨这些理论是否真的最适合儿童的学习。对于察觉到的某种缺陷，比如阅读障碍，"一刀切"的解决方法可能会引发儿童的失败感，到头来适得其反。
- 支持所有儿童，让他们在儿童早期教育机构中感到自己是"我们"中的一分子。在性别和贫困等被较少寄予期望的领域内，制订计划来为差异和少数群体提供支持。

参考文献

1. EYFS card 1.2.
2. G. Dahlberg, P. Moss and A. Pence. *Beyond Quality in Early Childhood Education and Care: Postmodern Perspectives*. London: Routledge/Falmer, 1999.
3. L. Katz. *Dispositions as Educational Goals*. ERIC Digest ED36345, 1993.
4. C. S. Dweck and E. L. Leggett. A Social-Cognitive Approach to Motivation and Personality. *Psychological Review*, 1988(95), pp. 256-73.
5. J. Linden. *Understanding Child Development: Linking Theory and Practice*. Abingdon: Hodder Arnold, 2005, p. 105.
6. M. Mayo illustrated by A. Ayliffe. *Dig, Dig, Digger*. New York: Henry Holt and Co.
7. In G. W. Evans and M. A. Schamberg. Childhood Poverty, Chronic Stress and Adult Working Memory. *Proceedings of the National Academy of Sciences*, 2009, 106(13).

第 8 章

深思熟虑的组织和管理

在决定如何组建一所幼教机构之前，团队需要先知道自己想要实现什么目标。

即使在完全相同的建筑里，早期教育团队也可以为儿童创设完全不同的学习环境，确实可以做到。[1]

开篇的引文道出了本章的主旨：既关注引领实践的理念，也关注其现实。这两个方面密不可分，因此，本章将依次探讨它们是如何相互影响的。我们需要思考的是，幼教机构的组织和管理是如何促进或阻碍儿童的认知发展的；以及有效学习的某些特征是如何通过对资源的组织和一日常规的管理而得到支持或限制的。

理　念

在决定如何组建一所幼教机构之前，团队需要先知道自己想要实现什么目标。在第 1 章中，关于不同教育哲学的争论已经考虑了当前被称为社会建构主义的学习理论观。这种观点认为，年幼儿童是强大、自主且有能力的潜在学习者。为了开启这一潜能并将其变为现实，每个儿童都需要被关爱，并因此发展出高自尊。正是自尊给予了儿童勇气，让他们去探索那些需要理解的新概念，并尝试那些使其变得有能力的新技能。以下是社会建构主义的一些基本原则：

- 儿童是潜在的强大且自主的学习者；
- 儿童需要富有爱心且敏感的成年人的陪伴；
- 儿童对自身的认知是他们作为学习者成功的关键；
- 游戏是促进儿童理解力发展的强大机制；
- 儿童当前的能力将是他们未来学习的起点。

正如第 1 章所述，这一理解的核心观点是，学习是一种主动的、个体化的精神努力，学习的目的在于构建意义。这种观点与许多小学中常见的所谓"技能和训练"的取向并不相符，后者强调的是，在大课堂环境和可测量目标背景下，严格实行一种被动的、死记硬背式学习。

那些坚持社会建构主义原则的儿童早期教育机构，都把对资源的组织和一日常规建立在这些原则之上。因此，这样的机构能为儿童提供支持，使其成为：

- 主动的学习者
- 有趣的学习者
- 独立的学习者
- 反思的学习者
- 合作的学习者
- 具有探索精神的学习者
- 富有创造性的学习者
- 具有批判性思维的学习者

这些学习方式会促进儿童的认知发展，并逐步培养他们积极的学习倾向。当这些学习倾向形成后，儿童就会表现出有效学习者的特征，如坚持、问题解决、创造性和批判性思维。

在成人的帮助下，以这种方式学习的儿童，也将获得他们所需的有效学习的认知特征。他们的工作记忆将得以滋养，他们将通过图式和想象游戏学习新概念。角色扮演游戏有助于儿童发展其心理理论，从而减少儿童的自我中心倾向，并为他们引入了进行成功合作和建立友谊所需的终身工具。那些在关键人物在场时感到情感安全的非常年幼的儿童，将更有能力应对其主要照护者陪伴或离开所带来的认知和情感挑战，这是儿童经常遇到的情况，在规划常规活动时需要灵活、敏感地处理。

在实践中，首先，儿童早期教育机构必须能提供情感上的安全，以便每个儿童都能获得归属感。

其次，儿童早期教育机构必须保有足够多的可以去做、去发现的有趣的事和物，在这里，儿童可以实践那些发展中的概念和技能，这被视为巩固已知知识过程的一部分，使之成为牢固嵌入大脑的理解，这些知识和理解可以作为儿童下一步学习的基础。

现　实

根据上述原则以及与之相关的一系列特质，我们可以推测出儿童早期教育机构如何安排才能够帮助年幼儿童进行最有效的学习。1990 年的英国政府报告，即所谓的《朗博尔德报告》[2]明确指出，在早期教育阶段，教儿童的方式与教的内容同样重要。通过最近的神经科学研究，我们能够看到年幼儿童的大脑如何对周围环境作出反应，所以实际上，更重要的似乎是关注如何教，而不过分关注教什么。

图 8.1 自我管理型的学习者

例如，我们从研究中得知，6 岁以下的儿童已然是自我管理型的学习者。

这意味着，与学习别人希望他们学习的东西相比，他们学习自己好奇的东西的动机要强得多。平衡好成人主导的学习和儿童自发的学习，会给我们如何组织教学环境带来一定的启发。第 2 章描述的黛茜和伦敦水循环系统的故事就说明了这一点。儿童需要在一种充满爱和互动且无压力的环境中快乐学习。他们需要能够去探索、去观察、去互动，并在现有的知识基础上建构新知识。

正如朱莉·费希尔在《从孩子出发》一书中所建议的那样，儿童需要建构自己的学习，这样他们才能"积极地、互动地、独立地"[3]学习。

若想使能为儿童提供挑战且安全的学习环境的各要素全都发挥作用，就需要充分依靠机构里对此有理解和执行力的员工，以及落实到位的系统。如果团队训练有素并且相信他们所做的事情，那么这种情况就更有可能发生。作为早教机构的领导者，需要解释、协商、明确和坚信他们的理念和原则，同时在遇到阻力和误解时保持灵活性并作出回应。这可能是领导实践过程中最令人生畏的方面。尽管如此，稳定且自信地运营的儿童早期教育机构将对儿童产生积极的影响，儿童也会变得冷静和自信，并表现出有效学习的特征，当整个成人团队看到这些时就是最大的回报。下面是一些需要我们考虑的基本现实。

常规活动

一日常规的模式至关重要，是儿童和成人对其环境和他们在其中的位置有多自信的核心。举例来说，如果儿童知道他们来到早教机构，可以立刻找到自己想做的事情，就一定有助于儿童自信心和独立性的发展。这些事情可能是一些儿童觉得很有趣的新活动，也可能是一件他们知道自己有能力完成并想与照护者分享的事情。家长可能需要同机构的员工就儿童或家庭的某一方面进行简短的沟通。因此，儿童早期教育机构的员工必须随时为此做好准备，组织好一天的开始，以满足儿童及其父母的需求。

有些早教机构以全体签到作为一天的开始。他们会发现，当迟到的人安顿下来时，早到的人已经变得焦躁起来，并且那些需要一些关注的成人要么得不到任何关注，要么会使集体活动的开始时间更加推迟。从年幼儿童的视角来看，他们的兴趣集中在立即完成昨天未完成的模型、与新朋友交谈，或阅读喜爱的书籍上，而不是被动地坐在地板上，等待冗长乏味的签到过程完成。儿童如何开始每一项活动，会显著影响其认知和情绪过程。学习和学习动机是由儿童立刻沉浸于他们感兴趣事物中的能力所激发的。对常规活动的组织不是为了方便成人管理，而是为了增强儿童的学习动机。许多早教机构在活动开始时已经进行了深思熟虑的思考，已有富有想象力的替代方式来完成儿童的签到。有些机构设置了自我登记系统，并提供了儿童到达后就可以立即参与的活动。这样一来，机构员工便能腾出一些时间与家长们打招呼。另外，儿童到达的时间略微错开也是可能的、有益的，这允许儿童家庭的清晨模式可以变动，以及早上不再为入园而那么匆忙；最重要的是，作为活动的一部分，机构留出过渡的时间，可以帮助成人和儿童平静下来并减少压力。

尽管现在我们都知道，儿童的主动性、互动性和独立性有助于他们的认知发展，但是，珍妮特·莫伊蕾斯和莫尔弗雷·沃辛顿在2010年开展的研究发现，特别是在小班，"儿童一天中超过三分之一的时间被全班教学占用"[4]。诸如加餐时间、户外游戏时间和回顾总结时间等都是常规的集体活动，因此要考虑到，与一大群人长时间待在一起，尤其对非常年幼的儿童而言，不具有发展适宜性。从认知角度来看，在这些活动中，许多非常年幼的儿童常表现得心不在焉，因为他们并不理解，成人在对一大群孩子讲话时也是在对他们每个人讲话。因为幼儿在家庭中经历的是有针对性的单独谈话，且通常由孩子的问题行为引起。换言之，在家里，孩子们可以问问题，但是在早教机构中，他们通常会发现，自己要努力寻找他人问题的答案，而他们对这些问题并不一定感兴趣。

能为儿童的主动和独立学习提供支持的其他常规，通常是那些允许儿童在活动和准备区随意走动的活动。例如，他们会决定什么时候结束玩水游戏，一旦失去了动机，无论被要求再持续多久，他们都不会再从中受益。坚持和专注是需要培养的品质，但如果活动本身和活动材料足够有趣，那么这两种品质就会自然而然地产生并发挥强大的作用。儿童从一个地方移动到另一个地方，通常与机构提供的物品的吸引力有关；有时也与儿童的发展水平有关。比如，新来的儿童对看见的一切都很兴奋，只是因为他们进入机构的时间不长，还不知道当他们下次再来时这些东西还在、仍然可用。这就为幼教机构的活动准备提供了重要的信息。活动准备要始终保证一致性，同时又要有足够的灵活性，以保持活动富有挑战和趣味。

图 8.2 活动本身和活动材料足够有趣，才会自然而然地发挥强大的作用

资　源

资源是儿童早期教育工作者用来帮助他们实施课程的工具。早教机构中最可贵的资源是它的成年员工。或许，《英国国家早期教育纲要》的承诺被认为既适用于早教机构中的儿童，也适用于成人。每个成人都是独一无二的，都有自己的个人优势和发展领域。要使早教机构的环境有利于在其中工作的成人，那么每名成年员工必须感到其个人和职业发展受到重视和鼓励。为了确保机构中成人团队成员之间的积极关系，作为领导者的儿童早期教育工作者需要很好地了解每个员工，并且能非常职业化地公平对待他们，帮每个人获得工作归属感，就像他们对待儿童那样。"纲要"中对学习和发展的承诺涉及的是机构的发展和可持续性，它要实现什么目标，以及每个员工在其评估和发展计划中所起的作用。

当机构的成人团队感到被栽培和充满自信时，儿童早期教育机构就能很好地充分利用其他资源。通常认为这些资源包括时间、空间和设备。对机构理念的理解直接影响这些资源的组织方式。为了让儿童变得积极主动和富有创造力，儿童早期教育机构需要在由从业者计划的事情与由儿童控制的事情之间保持谨慎的平衡。前者通常被称为活动，后者则被称为准备。儿童必须在成人的帮助下理解如何使用这些资源。例如，是否可以把玩偶带到室外的游戏处，或者是否可以在沙子里玩积木。研究表明，儿童在使用材料方面拥有的自由度越大，他们在使用所选资源的目的上可作出的选择就越多，游戏就会越复杂，因此，学习的认知水平也就越高。[5] 这通常可以从观察儿童在游戏过程中逐渐提高的复杂口语交流中识别出来。对此，《英国国家早期教育纲要》第4.3条提醒我们，"如果有环境的鼓励，儿童会更容易在事物之间建立联系。例如，他们需要能够轻松地获取材料，并且能够将它们从一个地方移动到另一个地方"。

要成功地提高儿童的认知水平，我们所提供的材料资源需要从几个层面进行考虑。首先，材料需要适合活动的目的，换言之，就是摆放有序，能吸引儿童去使用。一般来说，材料不一定需最贵的，但它们必须是干净的、有条理的，这样儿童才可以在没有成人帮助的情况下使用它们；并且要对材料定期维护，这样铅笔才会便于使用，水彩颜料才会干净，游戏拼图才会完整。如果儿童使用的都是质量低劣、失于维护的设备，那么他们就不太可能产生创造性和批判性思维。

第二个层面考虑的涉及每个资源中包含的学习机会的广度。这意味着儿童早期教育工作者必须考虑，这种资源是否既能扩展那些能力强的儿童的思维过程，也能为初学者提供所需的更直接的经验。如何配置和提供资源供儿童使用，将决定这些资源吸引力的宽度。举一个例子，在角色扮演游戏区，一个需要书写菜单和计算账单的具有挑战性的咖啡馆，对年幼儿童来说并不一定有吸引力，这个年龄段的孩子需要的是基本的家庭游戏设施。为学习进程提供资源是游戏的主要优势之一，因为在游戏中，儿童可以自主选择适合自己的学习水平。

同样，如果另一种主要资源——时间——使用不当，儿童的创造力也会受到抑制。对任何人来说，无论是儿童还是成人，要想沉浸于一项创作中，无论是运动的、艺术的、文学的还是科学的，首先需要的就是时间，并且是大量的时间。许多活动需要充足的时间，不能被加餐或其他干预打断。这些干预满足的可能只是所谓的管理需求，但是，却削弱了儿童发展诸如坚持和专注等技能的能力。在使用材料进行高水平认知活动之前，儿童也需要时间去熟悉材料。《英国国家早期教育纲要》第4.1条建议，"在使用资源和设备解决问题之前，先允许儿童玩一玩它们，这样，儿童更有可能成功地解决问题"。每天都有机会去熟悉材料，儿童将会产生高水平的满意度和能力。

灵活地运用时间和空间，也有助于当儿童终于理解了或理解发生转变时，他们的大脑得以建立新的联结。不寻常的或不同的材料组合会激发儿童的好奇心，例如，水盘中有一个大冰球，而不是普通的气泡，并引发诸如"这是怎么发生的？"或者"我们能让它再次变成水吗？"这样的问题。这种思维被称为发散性思维，它促使儿童去思考"还有什么其他可能性吗？"这类问题。发散性思维并不局限于创造性艺术，而是适用于生活中存在不止一个可能答案的所有方面。在日常活动中，我们或许可以鼓励儿童用发散性思维去思考，如何对"娃娃之家"进行不同的布置以适应儿童当前的游戏主题，或者在环绕户外区域的离地轨道上放置什么设备。正是由于这个原因，在儿童早期教育机构中，相对来说聚合性思维通常是不被鼓励的，因为它是一种只强调正确和错误答案的文化，而不是一种鼓励儿童只要看到某事发生了，就有兴趣进行头脑风暴、动手去做或实验的文化。

空间也是一种资源，人们时常对其了解甚少。在绝大多数情况下，儿童早期教育机构的建立会受到获批空间大小的限制。一般来说，儿童需要较大的空间来尽情游戏，而不会被他人碰撞或踩踏。如果没有足够的空间供儿童实施自己的想法，那么将会引发争吵，从而败坏游戏的名声。成人需要对此保持敏感，将需要很大空间的活动安排在尽可能远离诸如图书角之类区域的地方。因为图书角是儿童用来享受故事的空间，不欢迎儿童激动地大喊大叫，或者到处滴落画画的颜料。通常，对这些非常实际的方面（如活动场地的安排和人员配备）周到的管理，决定了成功的学习经历与令人挫败的消极经历之间的所有差异。将家具摆放在隔离区域或封闭区域，将对儿童如何使用这些区域内的资源产生非常大的影响。正是将活动区围起来这一做法会减慢儿童的速度，帮助他们投入到某项活动或让他们在那里能待更长时间，从而能够让孩子们以更平静的速度进行深入的探究。这是一种非言语的、非对抗性的策略，其效果与通常所说的隐性课程有点类似，它不是公开的，但仍对实现其目标有影响力，且能够成功实现目标。这样做的目的是让儿童有机会思考问题，进行深入的反思和发散性思维。

游 戏

游戏，及其成人在其中扮演的角色，被认为是成功培养儿童有效学习特征的关键。下面是一些能够对儿童的认知发展产生有益影响的游戏的属性。

- 游戏具有愉悦性。我们从自身学习新事物的经验中得知，如果能使学习过程变得愉快，那么学习便会更加高效。
- 游戏使儿童能以他们与生俱来的方式去学习：主动地、互动地和独立地学习。如果我们教儿童的方式与他们自然发展的方式相联系，学习对儿童来说就是有意义的，而且他们也更可能牢记和理解所学的内容。

- 游戏有助于儿童进入另一个世界。通过游戏，儿童可以驾驶小火车、泡茶、给布娃娃喂奶，并设身处地为他人着想。他们可以体验成为另一人的感觉，或者感受他人的感受。符号表征、同理心和心理理论等认知属性，都会在儿童的角色扮演游戏中得到练习和完善。

- 可以组织游戏，使其满足不同学习者的需求。它可能是简单的，如家庭角色扮演；也可能是复杂的，如沉船游戏，从而满足不同认知发展水平的儿童的需求。它也可以帮助儿童通过其他方式学习，而非纯粹的学业学习，尽管高水平的思考往往涉及富有想象力的游戏。许多儿童通过肢体表达而非通过数学或读写来学习，有些儿童在音乐或创造力方面表现突出。丰富有趣的学习囊括了所有儿童的学习风格，承认每个孩子都是独一无二的，并为他们提供学习机会，以助他们人人都取得成功。

- 游戏可以让儿童掌控他们自身的学习。在幼儿生活中的许多方面，他们都无法进行任何控制。众所周知，感觉最幸福的成人是这样一些人，他们觉得自己所做的决定受到尊重，并且可以指导、组织和掌控自己生活的方方面面。儿童不能决定他们日常生活中的大部分事情，但在儿童早期教育机构中，如果为他们提供选择的机会，将可以显著促进其认知、情感和社会性等方面的发展。如果鼓励儿童在游戏中承担责任，选择他们的资源、时间安排、朋友和目标，他们将学会负责任地进行控制，学会同情他人，在完成一项自己可控的挑战性学习任务时，能体会到由此带来的幸福感和满足感。"宝物篮"是一种宝贵的资源，它为婴儿提供了选择和控制新资源的机会，这和大一点的儿童在游戏中作出选择是一个道理。

- 从教育的角度来看，游戏最有用的方面，可能是它作为一种整合机制的作用。丰富的游戏经验，可以让儿童把他们所知道的、感受到的和能做的一切整合在一起，然后进行新的学习。举个例子，一个孩子读了《猫头鹰宝宝》的故事后，决定画一幅猫头鹰的画。这时他需要把自己对猫头鹰的了解（毛茸茸的、灰色的、大翅膀、夜间飞行）和他可以做到的各种事情（混合黑白颜料，画出猫头鹰的形状，或者粘上羽毛）——进行整合。这些发展方面需要整合到这个孩子的感受中（创作猫头鹰的意愿和动机，以及认为这是可能的信念）。这三方面需要相互配合才能取得成功的结果，当然，在这一过程中，获得适当的资源以及成人的作用都是至关重要的。

成人的作用

如上所述，为了能在儿童的学习中充分发挥作用，成人团队需要感到是被机构栽培的，对发展前景有信心。团队中的每个成员都必须了解年幼儿童的发展规律和学习方式，了解如何以发展适宜性的方式向儿童传授课程。

下面是一些实用的方法，当儿童寻求新知识时，成人可以用来为儿童提供有效的支持。

- 在观察和评估的基础上计划儿童的活动，以识别儿童的兴趣和能力；
- 与关键儿童建立充满爱的关系，从而让他们能够承担风险，克服挫折，接纳并利用小的失败；
- 激发并有意识保护儿童的兴趣；
- 拓展并挑战儿童的思维；
- 告知并指导儿童设备的使用方法；
- 树立榜样行为，以鼓励儿童的实验过程、发散性思维和创造力；
- 与其他参与儿童学习的成人交流，如团队其他成员和儿童的家长。

在成人以上述方法支持儿童学习的基础上，进而运用提高儿童认知发展的非常有效的策略之一，即我们不断提到的"持续共享思维"[6]。英国儿童早期教育机构有效教学研究项目关于早教机构质量的报告发现，这种开放式的互动对于提高年幼儿童的高级思维技能至关重要。它将持续共享思维（sustained shared thinking）定义为：

> 一段经历，在此过程中，两个或两个以上的个体在智力的层面上"一起工作"，共同解决问题、澄清概念、评估活动、扩展叙述，等等。双方或所有人都必须对思维作出贡献，思维也必然得到发展和拓展。

很明显，真正能够帮助儿童发展认知能力的成人需要具备广泛的技能。只有在对他们有责任照护的儿童进行观察、示范、告知、扩展、沟通和关爱的条件下，儿童才能在这样的养育环境中茁壮成长。

挑战和困境

- 注意那些已经存在了很长时间但最近没有被评估和调整的常规活动。儿童在早教机构的时间是有限的，不能将这宝贵的时间浪费在那些只有利于成人组织和管理却不利于儿童学习的活动上。

- 所有的常规活动都必须建立在某种扎实的理念之上。首先确立愿景，然后才是实践。不要寄希望于某种信念适应常规，必须是常规适应某种信念。

参考文献

1. M. Edgington. *The Foundation Stage Teacher in Action*, 3rd edition. Paul Chapman Publishing, 2004.
2. DES. *Starting with Quality* (The Rumbold Report). London: Department of Education and Science, 1990.
3. J. Fisher. *Starting from the Child*. Buckingham: Open University Press, 1996.
4. J. Moyles and M. Worthington. The Early Years Foundation Stage through the Daily Experiences of Children. TACTYC Occasional Paper, 2011(1).
5. P. May. Water Play. Unpublished MA, Oxford Brookes University, 2000.
6. I. Siraj-Blatchford et al. *Researching Effective Pedagogy in the Early Years* (REPEY). DfES, 2002.

第 9 章

为生活做好准备，为入学做好准备了吗

学校应该考虑是否为儿童入学做好了准备，而不是反过来让儿童做好入学准备。

> 学校是一个社区，在那里，孩子们首先要学习生活，最重要的是，要以儿童的身份，而不像未来的成年人那样。[1]

本章的标题取自蒂克尔爵士关于《英国国家早期教育纲要》的独立报告，该"纲要"现在是强制性的。该报告假设，为生活做准备和为入学做准备是一回事。本章将对这一假设提出质疑，并深入探讨作为本书核心的有效学习的特征，如何帮助儿童在关键的第一阶段获得它所提供的滋养。

从政府发布的信息中可以明显地看出，其首要任务是确保进入关键第一阶段的幼儿掌握必要的技能，更好地适应大部分正式的、传授式的教学模式,这些模式在许多一年级课堂和大部分二年级课堂中一直占主导地位。作为对蒂克尔报告的回应,英国儿童部部长萨拉·蒂瑟说:

> 我很高兴,蒂克尔关注了真正重要的事,即确保儿童能为入学后的学习做好准备,能够结交朋友并一起游戏,为提出自己的需求和说出自己的想法做好准备。这些都是在学校真正取得最佳收获的重要基础。

分析儿童进入关键的第一阶段后可能会寻求的学习环境类型,这样做或许有助于儿童开始新的学校生活。朱莉·费希尔在其著作《进入关键的第一阶段》中评论称:

> 2004 年,英国教育标准局发表了一份题为《从学前班到一年级的过渡》的报告。其调查结果表明,我们没有充分考虑儿童早期阶段的课程和一年级课程之间的关系,而在一年级时向较正式的教学方法的过渡有些过于"突然"。教育督察员特别强调,有些学校对两项国家战略的重视是以牺牲对其他问题的经常关注为代价的。[2]

同样,在 2012 年的"格雷厄姆·纳托尔年度演讲"中,盖伊·克拉克斯顿作了题为《学校能帮你做好某些准备吗?》的报告，其中提到了这些正式的教学方法，他提供了一份世界各地的小学每天要求学生做到的态度和活动清单：

- 做正确的事情
- 聆听老师讲课
- 独自学习
- 遵循指令
- 记笔记
- 接受别人告诉你的事情
- 安静地坐着
- 对他人表示尊重
- 被评价

他问大家，训练儿童在日常生活中按照这些方式进行思考和行动会产生什么结果？有人可能会提出，也许儿童会变得服从、被动、孤立和低自尊。克拉克斯顿教授略带讽刺地指出，这些思维习惯更适合19世纪的职员，而不是21世纪的探险家。[3]

那么，至少在早期阶段的教学方法与主流学校教育的教学方法之间出现了鸿沟，但遗憾的是，现实情况比这更糟糕。在最近为早期教育工作者专业发展协会（the Association for the Professional Development of Early Years Educators, TACTYC）所开展的研究中，珍妮特·莫伊蕾斯和莫尔弗雷·沃辛顿考察了当前英国早期教育阶段学前儿童的日常经历。他们发现，《英国国家早期教育纲要》的理想"基本上没有实现"[4]。例如，"纲要"的主要原则之一是主张"在游戏过程中，儿童可以进行最高水平的学习"[5]。然而，莫伊蕾斯和沃辛顿发现，早期阶段的教育"几乎没有提供丰富和不可预测的游戏和学习"。这一发现描述的情况与英国教师和讲师协会在2004年开展的早期教育研究的结果类似。

在那项研究中，观察者发现儿童几乎没有机会[6]：

- 进行持续的、共享的、有目的的交谈；
- 进行持续的、复杂的、富有想象力的游戏；
- 获得真实的、参与性的、直接的经验。

鉴于儿童早期教育和保育的上述三方面构成了《英国国家早期教育纲要》的核心，实际上，这也是克莱尔·蒂克尔的独立报告的核心，她一直在谈论"主动探索、创造性和批判性思维"[7]，也是想试图揭开那些可能正在蒙蔽许多践行《英国国家早期教育纲要》从业者视野的混乱思想。早教工作者一直在向研究人员讲述他们对游戏的信念和热情，但实际上，他们几乎无法为丰富的、不可预测的直接游戏经验提供有利的环境。

儿童的智商：奠定理解和能力的基石

课程和教学法

本章的标题显然包含了一种最为混乱的思想。那种认为"为生活做准备和为入学做准备是一回事"的假设是错误的。事实上，为入学做准备意味着要为身体、智力和社会性等方面要求的固定标准做准备。年幼儿童需要接受训练，以应对学校认知课程的各个方面，如语言技能和数学技能。教育者以孤立且无声的形式，在班上上来直接就教授和测量这些技能。盖伊·克拉克斯顿在"格雷厄姆·纳托尔年度演讲"中列出的清单，为大多数学校采用的教学方式和对学生的期望提供了真实的证据。

然而，"为生活做准备"更多的是关注本书所聚焦的有效学习的特征。为生活做准备的基本特性之一是自我调节。它基于的是这样一种观点，即同时拥有动机和能力（有时被称为"技能和意志"）的儿童，是那些为在生活中取得成功做好充分准备，并能充分利用生活所提供的一切的儿童。有时，"自我调节"被认为是一种积极的品格，融合了自信以及横向思维所必需的策略。它将认知和情感发展的各个方面结合起来，是对儿童关于自我及其能力感受的高度评价，是成功学习者获得能力和控制力的必要条件。

自我调节包括能够恰当地调节情绪和行为、能够延迟满足、能够交流思想和表达观点。某些因素对自我调节的发展至关重要，包括：

- 自主性
- 较高的自信
- 良好的沟通技能
- 丰富的环境
- 有爱心的成人陪伴

令人欣慰的是，在一个重视由儿童发起且具有不可预测性游戏的儿童早期教育机构中，所有这些元素都可以找到。儿童早期教育阶段的课程强调，"游戏以及其他富有想象力和创造力的活动有助于儿童理解其经验，并'转化'他们的知识，最终促进他们的认知发展"[8]。在这里，英国教育和学校部建议，让儿童为生活做准备的一个重要部分是支持他们的认知发展，而游戏是实现这一目标的最有效的工具。如此看来，政府文件对保障学习者终身发展环境的支持是明确的，但现实情况并非如此。因此，我们发现自己拥有一套教学法或信念体系，它支持儿童为生活做准备，但是一到具体的课程，正如它通常解释的那样，关注的却是儿童为入学做准备。

图 9.1 游戏能促进儿童的创造力和认知的发展

现实和实用性

在蒂克尔的报告中，试图强调将为生活做准备和为入学做准备联系在一起，这一点是显而易见的。蒂克尔认为，儿童尚未做好入学准备，包括儿童"未接受如厕训练，不会倾听，或不会与其他同伴相处"[9]。

如厕训练

大多数儿童在进入幼儿园小班时就接受过如厕训练。但许多年幼儿童仍需一些帮助，这非常正常，特别是那些比同伴提前一年入园的儿童。教师的任何恼怒行为只会加剧而不是解决这一敏感情况，这也许表明，正式的学校环境并不特别适合长时间安置年幼儿童。

学前教育的主要内容之一是帮助儿童发展社交技能，其中之一是自理能力。早教工作者必须承认，他们需要花时间来帮助儿童习得自理能力，诸如排队上厕所，穿衣、洗漱和吃饭，等等。在他们人生的这个阶段，自理能力与读写能力同样重要，而且有人认为，从培养自信和独立的年轻人的角度来看，自理能力可能更重要。在关键的第一阶段，当要求掌握高水平的读写技能时，那些具有自我管理和自主能力的儿童，更可能是那些自信地认为"是的，我能做到"的孩子。

倾　听

很小的孩子就完全能够倾听，他们从出生前就一直在听母亲的声音。出生后不久，儿童就表现出专注地倾听的动机和能力，并能对父母或照护者的声音作出回应。这种类型的交流总是一对一的，有时也被称作"相互回应之舞"（dance of mutual responsiveness），即交流中的每一方都发挥重要作用的双向互动。在小学里，倾听则是一件完全不同的事。年幼儿童与许多人坐在一起，他们可能只是人在现场，而并未倾听那些说教——只存在于教师头脑中而不入儿童头脑的思想。通常，年幼儿童不得不听的内容对他们似乎毫无意义，而且从发展的角度看，年幼儿童并不太能理解教师对着全班人讲话时也是在对他们每个人说话。由于这些发展方面的原因，这类活动往往注定要失败，但需要纠正的是交流的目的和设计，而不是儿童。

通常，全班围坐在地毯上的圆圈教学似乎是以成人为中心的活动，如签到或看乏味的天气图表。儿童从这些日常事务中看不到任何目的性，而正如我们所知道的，儿童的主要驱动目标是理解他们正在体验的事情。如果儿童对正在发生的事情无感，那么取而代之的是，儿童将四处寻找能引起他们兴趣的其他事情，可能是坐在旁边儿童鞋子上的尼龙搭扣，也可能是坐在前面的儿童的发卡。教师设置的这些日常事务与儿童为生活做准备几乎没有任何关系，它更多的是一种对群体的管理。

与其他儿童相处

蒂克尔的报告也关注了儿童与其他儿童相处的能力。为了发展社交技能,儿童需要花很长时间学习游戏、协商、轮流、尊重、自主以及倾听。这些经验正是一所好的早教机构需要提供给儿童的。如果按照指定的课程来开展实践,强调全员读写活动、温顺和服从,那么社交技能将很难形成。正如英国教师和讲师协会 2004 年的研究所发现的,发展社会性和认知技能需要的是"持续的、共享的和有目的的交流,复杂且富有想象力的游戏以及真实和投入的体验"[10]。

在儿童早期教育机构中,我们经常会听到"友好分享"这句话。具备良好的儿童发展知识的早教工作者都知道,这样的要求是多么的不切实际,因为非常年幼的儿童尚未形成同理心,还经常需要宣称拥有所需的某某资源,以作为其正在发展的同一性的证明。处理这种情况的最好办法是作出温和的解释,并且非常重要的是,早教工作者要提供充足的设备、时间和空间资源。年幼儿童能够并确实会表现出对彼此需要和意愿的极大关心与理解,在适当的发展阶段,他们会玩合作游戏,建立深厚的友谊。敏感的回应式从业者与精心策划的、能鼓励儿童在轻松和刺激丰富的环境中一起游戏的资源,两者合在一起,共同激励儿童发展这些特殊的行为和思维习惯。

读写能力

最后，蒂克尔在报告中指出，"如果我们不能让儿童为学校环境的现实做好准备，那么我们并没有帮助到他们。在学校环境中，诸如读写等技能是非常重要的"。从最广泛的意义上讲，早在儿童进入正式的学校之前，读写能力就已经非常重要了。从出生那一刻起，婴儿就开始和他们的家人进行交流，并且从那一刻起，就成功地满足了他们的需求。在整个学步期，儿童的口语学习速度越来越快，也越来越复杂。如果在早期教育的基础阶段就强调有实际理由的交谈、推理和协商，那么这些读写能力就会以较快的速度发展。故事、儿歌和歌曲能够增加儿童读写的乐趣，可能是让他们为未来的读写学习做准备的最佳方式。

然而，上面引用的蒂克尔报告中那句话的语气似乎表明，为了让儿童有效地为关键的第一阶段的读写这一"现实"做好准备，他们需要接受语言系统的正式课程，如原音拼合法以及硬性记忆的发音与词语学习。遵循这一行动方针的最终可能结果是，儿童既不能为生活做好充分的准备，也不能为入学做好准备。因为面对不恰当的学习活动，他们的自信将被消耗殆尽。

准备的三种类型

英国早期教育工作者专业发展协会发布的一份专题报告指出，我们可以从几个不同方面来考虑"儿童的准备"：[11]

1. 学习准备
2. 入学准备
3. 学校为儿童做的准备

学习准备

正如前文的报告提醒我们的，"儿童的学习只受限于经验与知识积累的匮乏"，而非受任何智力缺陷的限制。儿童的成长所需的工具，以及培养其情感、身体、社交和认知技能所需的工具，在他们出生时就已具备并快速发展。认为儿童是强大而有求知欲的学习者的观点与社会建构主义的范式非常吻合，在社会建构主义范式中，年幼的学习者将他们从个人经验中获得的新理解逐渐整合在一起。然而，令人担忧的是，当前政府对年龄较大儿童在学业和社会性发展方面的测量成绩下降颇感焦虑，导致其片面地强调儿童进入学前班时尚未达到的目标如何如何重要，比如如厕、阅读、书写和分享等能力。这些尚未达到的目标，竟然被视为需要通过正式的教育体系和策略予以纠正的错误。如果儿童不能理解学校对他们的要求且受发展限制而无法遵从这些要求，这些教育系统和策略就会给儿童灌输焦虑和挫败感。

图 9.2　年幼的学习者将他们从个人经验中获得的新理解整合在一起

正如 1990 年的英国政府报告《朗博尔德报告》所述的那样，"对于早期教育工作者而言，教育过程（如何鼓励儿童学习）与教学内容（儿童学什么）同样重要，且两者密不可分"[12]。我们从神经科学和当代儿童发展理论中得知，最成功的新学习建立在对儿童有意义的经验基础上，当学习关注过程而非正确答案时，儿童的理解会更加深刻。因此，"如何"教年幼的儿童可以看作一系列活动的混合，包括能为儿童提供了大量成功体验的活动，能激发儿童浓厚兴趣的活动，设置了灵活目标的活动，能提供适当挑战的活动，当然，还需要一个会回应且在许多可能的角色中扮演某一角色的成人。下面的例子就说明了这类学习。

在一所能容纳 39 个学生的乡村学前学校中，工作人员注意到一群儿童对住所很感兴趣。儿童的这一兴趣源于养仓鼠的笼子，他们进行了很多讨论，关于不同的住所适合不同的居住者，以及它们不喜欢住在笼子里。在接下来的几天里，工作人员在学校里放了一个鞋盒，上面的标签写着"谁住在这里？"同时，通过通往房子以及围绕房子的绘画脚印，为孩子们提供了一条线索，儿童据此确认出了不同的动物：一只老鼠、一只恐龙和一匹狼！这足以激发一些年龄较大儿童的好奇心，于是他们用硬纸板建造了一所小房子，每天在里面放一个不同的小动物模型。他们制作了一系列的小脚印，让成人猜小房子里现在的居住者，每次成人猜错都让孩子们异常兴奋。

　　这段学习并没有最终的成果,但它为儿童提供了深入思考、分析、研究、反思和发展理解力的机会。所有这些过程都有助于形成思维习惯,而思维习惯是成功的终身学习不可或缺的组成部分。同时,这段学习也为儿童提供了机会,让他们去探索、去建造,制作印记和标签,去做富有想象力的游戏,因为他们想到,羽毛等其他线索可以帮助他们确定盒子里的居住者。有证据表明,儿童对自己的成果非常满意,因为他们创编了房屋主人的故事,进而将角色扮演区重新设计成大灰狼的"房子",里面还添置了奶奶的帽子、镜子和一件红色的小斗篷。这份学习热情,再次证明了非常年幼的儿童是如何通过这种非正式的游戏来成功学习的。成人的观察证实了他们的观点,即儿童在认知、社交和情感上都处于较高的水平。并且他们发现,这种类型的学习为儿童提供了机会,让他们从中获得本书所探讨的有效学习的特征,具体来说就是:投入和专注,享受他们开始做的事情,选择做事的新方式。

入学准备

　　人们普遍认为,为了确保儿童做好入学准备,需要让儿童更早地开始正式的学习。与此看法相反,了解儿童发展的人都知道,为入学做好最充分准备的儿童,恰是那些在其当前发展阶段获得了他们所需适当经验的儿童。那些在三四岁能够进行游戏式探索并体验成功的儿童,以及那些获得了积极自我意象的儿童,将会在关键的第一阶段最自信地应对更正式的任务。这并不是说在关键的第一阶段适合进行正式的学习,因为6岁儿童的学习风格和学习需求与5岁儿童并无显著差异。然而,高自尊且学习经历与上文所描述的学习方式相似的儿童,将带着积极的学习态度和胜任力,自信地进入下一阶段的教育。

本章开头引用《普洛登报告》中的那句话,在今天依然适用,就如同它当初所声称的那样,为入学做了最充分准备的儿童是那些从小被满足了自身需求的儿童。首先,他们是今天的儿童,而不是明天的成人。

学校为儿童做的准备

"准备"有时被定义为儿童自身的准备状态与为年幼儿童服务的环境的准备状态之间的匹配。如果儿童早期教育的目标之一是为儿童提供环境,帮助他们意识到自身的认知发展(自我调节)并对其负责,那么有一些明确的指标可以促进这一志向的实现。在这一点上，强调"如果"这个词可能是明智的，因为就像大卫·怀特布雷德在他近期关于入学准备的工作中提醒我们的，"有关术语和定义的分歧掩盖了早期教育目的这一概念的根本差异"[13]。只要早期教育的目的仍然混乱不清，那么随后的教学法和教育实践就会混乱不堪，因为这两者都需要建立在一个对教育目的达成一致的可靠基础之上。

这些都是大问题，但它们却是儿童早期教育政策与实践成功的基础。为了便于讨论，我们将假定，儿童保育和教育在最初阶段希望达到的结果是培养独立、强大、有能力、善于思考和积极投入的儿童，培养受人尊重和重视的人。大卫·怀特布雷德的研究结果强调了实现该目标所需的几个关键因素，它们是：

- 儿童发起的活动
- 无监督的学习
- 合作性的活动与交流

在正规的学校教育中，所有这些要素都非常稀缺。这些发现又将我们带回到前面几章所描述的有利于发展的实践方面。那些有可能成为自主和自我调节的学习者的儿童，将会以主动、互动且独立的方式学习。在第2章、第3章和第4章中，我们已经探讨了涉及合作学习、无监督学习和主动学习的理论及实践。这些学习方法，如果在主流学校教育中得以遵循和建立，将有助于儿童的自然发展，并使我们一直在研究的有效学习特征进一步发扬光大。

在面对不一致的教育时，儿童无法茁壮成长，他们往往难以适应早期教育与基础教育这关键的第一阶段之间巨大的教育差异。突然间，他们发现自己不再被要求提问、探索或独立做事，而是处于一种需要找到正确答案的文化中。他们长时间坐着不动，从事对他们而言毫无意义的活动。在这样的环境中，儿童的认知能力难以得到较好的发展。这种教学法基于这样一种理论，即让儿童为掌握成年后所需的技能做好准备，而不是给这些年幼儿童提供他们现在所需的工具。

当前的学校办学理念是建立在准备的基础之上的，因此注重将儿童当作未来的成人而不是今天的儿童来对待，这确实对儿童的认知发展过程造成了严重损害。儿童只会太过清楚地意识到那些学校期望他们掌握但他们尚未掌握的技能，特别是与读写和计算相关的技能。一旦这种意识被日常的失败所证实，许多儿童便会变得厌学，并作出不合理的假设，认为学校和学习并不适合他们。正是这些儿童无法在不适当的正式学业环境中茁壮成长，很可能会继续逃学。

为了促进学习环境的一致性，学校需要考虑以下几点：

- 幼儿园和学前班之间应该无缝过渡，它们可以设置同样的课程；

- 那些不符合既定标准的儿童不应被视为"落后生"；

- 学校应该考虑是否为儿童入学做好了准备，而不是反过来让儿童做好入学准备；

- 大多数欧洲儿童在 6 岁开始接受正式的学校教育，而英国儿童则是 4 岁进入学前班；

- 如果发现某个儿童在正规学校中表现不佳，那么就需要从学校提供的教育中寻找解决办法；

- 对于年幼儿童来说，学习环境是最重要的。

关于我们所讨论的这一领域的最后几句话，或许应该留给几个月前在一份全国性报纸上发表了一封信的那位作者，其中写道：

> 还有一件事要感谢史蒂芬·霍金：他透露自己直到 8 岁才开始学习阅读。与欧洲其他国家绝大多数同龄人一样，他是在做好准备后才去学习的，而不是被强行灌输。但是，在我们被误导的教育体系中，强行灌输仍是一种常态。[14]

挑战和困境

- 澄清儿童早期教育工作者对儿童真正需要什么的思考,并将它们与儿童早期教育机构的需要区分开来。在单独的清单上分别列出儿童需要什么、机构需要什么,并确保优先考虑儿童的需要。
- 为那些担忧孩子入学准备的家庭提供支持。帮助他们抵制大量公式化的出版物,这些图书被堂而皇之地包装成入学准备过程中的必备品而推销给家长。

参考文献

1. *Children and their Primary Schools* (The Plowden Report). HMSO, 1967, p. 187.
2. J. Fisher. *Moving on to Key Stage One*. Buckingham: Open University Press, 2010.
3. G. Claxton. *Can Schools Prepare You for Anything?* Graham Nuthall Annual Lecture, University of Canterbury NZ, 2012.
4. J. Moyles and M. Worthington. The Early Years Foundation Stage through the Daily Experiences of Children. TACTYC, 2011.
5. EYFS card 4.1.
6. S. Adams, E. Alexander, M. J. Drummond and J. Moyles. Inside the Foundation Stage: Recreating the Reception Year. Final Report. London: ATL.
7. *The Early Years: Foundations for Life, Health and Learning*, 2011, pp. 87-88.

8. DfES, 2007.
9. Tickell Report, 2011, p. 20.
10. S. Adams, E. Alexander and M. Drummond. *Inside the Foundation Stage*. Association of Teachers and Lecturers, 2004.
11. Association for the Professional Development of Early Years Practitioners, D. Whitebread and S. Bingham. University of Cambridge, 2011.
12. *Starting with Quality*. Department of Education and Science. London: HMSO.
13. TACTYC Occasional Paper no. 2, School Readiness: a Critical Review of Perspectives and Evidence.
14. *The Guardian*, 2012.

后　记

　　本书旨在帮助儿童早期教育工作者将儿童认知发展的理论与他们每天在儿童早期教育机构中看到的实践活动联系起来。为了便于研究，我们将这条主线从所有其他相关的发展主线中分离出来，并希望用实践证明，所有发展领域在现实中是怎样相互联系且密不可分的。

　　在详细考察发展的某一方面时，我们可以把注意力集中在年幼儿童学习的方式上，而不是集中在课程的内容上。重点要放在儿童本身及其学习环境的有效学习的特征上。所有这些都支持儿童努力去理解自己的世界，并使他们投入到寻宝游戏中，从而不断激发新的理解。本书的目的是从儿童的视角看世界，而不是从外部看儿童。这种从儿童的视角看世界的能力，可能是儿童早期教育工作者最珍贵的财富，因为它确保早教工作者以补充而非阻碍儿童自然发展的方式，积极创设儿童的学习环境。

  我们希望本书能给予儿童早期教育工作者知识和勇气，让他们能够用对儿童有意义的方式进行教学。如果能够做到这一点，儿童早期教育工作者的工作将是最有效的，不仅能培养出知识丰富、技能娴熟的儿童，而且也能培养出终身积极向上、不断学习的人。

附 录

《英国国家早期教育纲要》法定框架（2024年版）学习与发展要求*

《英国国家早期教育纲要》法定框架简介

2008年，英国正式颁布并实施了《英国国家早期教育纲要》（Early Years Foundation Stage, EYFS）法定框架，首次将0~3岁婴幼儿纳入早期教育范畴，为英国保教一体化发展奠定了基础，EYFS堪称英国早期教育领域中的里程碑式文件。

EYFS法定框架致力于：

1. 确保所有儿童早期教育机构提供高质量和一致性的教育，让每个孩子都能取得良好进步，不让一个孩子掉队；

2. 通过为每个孩子的学习和发展制订计划，并定期评估和

---

* 资料来源：本附录内容节选自 Early Years Foundation Stage Statutory Framework. For group and school-based providers. Published: 8 December 2023, Effective: 4 January 2024。

考查他们所学的知识，为他们打下坚实的基础；

3. 儿童早期教育机构的工作者之间，以及与家长和/或照护者之间建立合作关系；

4. 机会均等和反歧视的做法能确保每个孩子都能得到包容和支持。

EYFS法定框架历经五次修订和完善，逐步形成了贯通0~5岁儿童的发展领域、教学指导策略、阶段评估办法等整体性体系，包括三部分内容：Ⅰ.儿童学习与发展要求；Ⅱ.评估要求；Ⅲ.儿童保障与福利要求。

最新版法定框架于2023年12月8日颁布，2024年1月4日开始实施。

在EYFS的第Ⅰ部分内容中，将"儿童的学习与发展"划分为七大领域：交流与语言，个性、社会性与情绪发展，身体发育，读写能力，数学能力，理解世界的能力，表达性艺术与设计。其中前三个领域为基础领域，后四个领域为特定领域，七大领域共涉及17条早期学习目标（Early Learning Goals, ELGs），这些目标是评估英国0~5岁儿童发展状况的重要参考。

由于这套丛书不同程度地体现或反映了EYFS之前版本中第Ⅰ部分的内容，特将最新版中这部分内容整理并附书后，供读者朋友参考。

Ⅰ.学习与发展要求

七大领域		早期学习目标（ELGs）	
		目标分类	具体目标
基础领域	Ⅰ.交流与语言	1. 倾听、注意力和理解力	（1）专心倾听，在课堂讨论和小组互动中，用相关问题、评论和行动回应其所听到的；（2）对其听到的内容发表评论，并提出问题以阐明其理解；（3）与老师和同伴交流时能保持对话。
		2. 口语	（1）参加小组的、课堂的和一对一的讨论，能提供自己的想法，使用最近被教过的词汇；（2）对事情可能发生的原因作出解释，在适当的时候，能使用最近读过的故事、非虚构作品、儿歌和诗歌中的词汇；（3）会在老师的示范和支持下利用完整句子表达自己的想法和感受，包括使用过去时、现在时和将来时，以及使用连词。
	Ⅱ.个性、社会性与情绪发展	3. 自我调节	（1）能表现出对自己和他人情感的理解，并开始相应地调整自己的行为；（2）设定并朝着简单的目标努力，面对其想要的东西能够等待，并在适当的时候控制自己的即时冲动；（3）集中注意力听老师讲课，即使在参与活动时也能作出适当的反应，并表现出遵循涉及几个想法或行动的指示的能力。
		4. 自我管理	（1）有信心尝试新活动，并在面对挑战时表现出独立性、韧性和毅力；（2）能解释规则的原因，明辨是非，并努力做出相应的行为；（3）能管理自己的基本卫生和个人需求，包括穿衣、如厕，以及了解选择健康食物的重要性。

七大领域		早期学习目标（ELGs）	
		目标分类	具体目标
基础领域	Ⅲ. 身体发育	5. 建立关系	（1）能进行合作学习及合作游戏，并做到与人轮流；（2）与成人和同伴建立积极的依恋和友谊；（3）能对自己和他人的需求表现得敏感。
		6. 大肌肉运动技能	（1）能为自己和他人着想，安全地通过空间和障碍；（2）游戏时能展现出力量、平衡性和协调性；（3）能做出诸如跑、蹦跳、跳舞、单腿跳和攀爬等力量性动作。
		7. 精细动作技能	（1）有力地握笔，为流畅的书写做准备，在几乎所有情况下都用三指握笔；（2）能使用一些小型工具，包括剪刀、画笔和餐具等；（3）在绘画时开始表现出准确性和谨慎性。
特定领域	Ⅳ. 读写能力	8. 理解	（1）能运用自己的语言和最近学过的词汇复述故事或叙述情节，以展示其对所听内容的理解；（2）在适当的情况下，能预测故事中的关键事件；（3）在讨论故事、非虚构作品、儿歌、诗歌以及角色扮演时，能使用和理解最近学过的词汇。
		9. 词句阅读	（1）能说出字母表中每个字母的发音，以及至少10个双字母单音素的发音；（2）通过混合发音来阅读与其语音知识相一致的词汇；（3）大声朗读与其语音知识相一致的简单句子和书籍，包括一些常见的例外词。
		10. 书写	（1）能写出可辨认的字母，其中大部分是正确的；（2）通过识别单词的发音，并用一个或多个字母表示这些发音来拼写单词；（3）能写一些别人能够读懂的简单短语和句子。

七大领域		早期学习目标（ELGs）	
		目标分类	具体目标
特定领域	V. 数学能力	11. 理解数字和数	（1）对数字1至10有深刻的理解，包括每个数字的构成；（2）分解（即不用计数就能识别数量）数字1至5；（3）（不借助押韵、计数或其他辅助）能心算5以内的计算（包括减法运算），以及部分10以内的计算，包括相同数相加，例如5+5。
		12. 建立数字模式	（1）口头数数超过20，能认识计数系统的模式；（2）在不同情况下比较10以内的数，能识别一个数大于、小于或等于另一个数；（3）能探索和表征10以内的数字模式，包括偶数和奇数、相同数相加，以及如何均分数量。
	VI. 理解世界的能力	13. 过去和现在	（1）能谈论周围人的生活以及他们在社会中的角色；（2）根据其经验和课堂上所学内容，了解事物在过去与现在的异同；（3）通过课堂上读书和讲故事时遇到的场景、人物和事件来理解过去。
		14. 人、文化和交流	（1）用观察和讨论的方法，以及故事、非虚构作品和地图中的知识描述其所处的环境；（2）利用其经验及在课堂上所读的内容，了解自己国家不同的宗教和文化群体之间的异同；（3）借助故事、非虚构作品中的知识，适当时也会借助地图，解释自己国家与其他国家间的异同。
		15. 自然界	（1）探索周围的自然界，观察并绘制动植物的图片；（2）利用自己的经验及课堂上读到的内容，了解周围的自然界，并对比环境间的异同；（3）理解周围自然界中的一些重要过程和变化，包括季节和物质状态的变化。

七大领域	早期学习目标（ELGs）	
	目标分类	具体目标
特定领域	Ⅶ.表达性艺术与设计 16.用材料创作作品	（1）安全地使用和探索各种材料、工具和技术，去尝试不同颜色、设计、纹理、形式和功能；（2）分享自己的作品，并解释其制作过程；（3）在扮演故事中的角色时，能利用道具和材料。
	17.想象力和表达力	（1）与同伴和老师一起创作、改编和叙述故事；(2）能唱一些耳熟能详的童谣和歌曲；（3）能与他人一起演唱歌曲、朗诵儿歌和诗歌、叙述故事，并适时试着与音乐同步。

图书在版编目（CIP）数据

儿童的智商：奠定理解和能力的基石 /（英）帕梅拉·梅著；张珊珊，于增艳译 . -- 北京：商务印书馆，2024. -- ISBN 978-7-100-24698-9

Ⅰ . G610

中国国家版本馆 CIP 数据核字第 2024S5Q603 号

权利保留，侵权必究。

儿童的智商：奠定理解和能力的基石
〔英〕帕梅拉·梅　著
张珊珊　于增艳　译

商 务 印 书 馆 出 版
（北京王府井大街36号　邮政编码100710）
商 务 印 书 馆 发 行
山东临沂新华印刷物流集团
有 限 责 任 公 司 印 刷
ISBN 978-7-100-24698-9

2025 年 1 月第 1 版　　开本 889×1194　1/24
2025 年 1 月第 1 次印刷　　印张 9½

定价：68.00 元

感谢乔智大叔为本书提供精美插图

自称"幼儿园专业看门 20 余年"的乔智大叔,以稚拙的笔触、温情的视角,每天用一幅小图传递着关于孩子、幼儿园和教育的思考,其中一些已成为经典,在幼教圈中广为流传。